依法治国进程中的人民调解制度研究

YIFA ZHIGUO JINCHENG ZHONG DE RENMIN TIAOJIE ZHIDU YANJIU

刘树桥 

西南财经大学出版社
Southwestern University of Finance & Economics Press
中国 · 成都

图书在版编目(CIP)数据

依法治国进程中的人民调解制度研究/刘树桥著.—成都:西南财经大学出版社,2020.11
ISBN 978-7-5504-4638-0

Ⅰ.①依… Ⅱ.①刘… Ⅲ.①民事纠纷—调解(诉讼法)—研究—中国
Ⅳ.①D925.114.4

中国版本图书馆 CIP 数据核字(2020)第 219418 号

依法治国进程中的人民调解制度研究
刘树桥 著

责任编辑:李晓嵩
责任校对:杜显钰
封面设计:何东琳设计工作室
责任印制:朱曼丽

出版发行	西南财经大学出版社(四川省成都市光华村街 55 号)
网　　址	http://www.bookcj.com
电子邮件	bookcj@swufe.edu.cn
邮政编码	610074
电　　话	028-87353785
照　　排	四川胜翔数码印务设计有限公司
印　　刷	四川五洲彩印有限责任公司
成品尺寸	170mm×240mm
印　　张	9.75
字　　数	150 千字
版　　次	2020 年 11 月第 1 版
印　　次	2020 年 11 月第 1 次印刷
书　　号	ISBN 978-7-5504-4638-0
定　　价	58.00 元

前　言

在我国，调解具有悠久的历史。早在原始社会，民族部落内部纠纷的解决方式就有了调解的雏形。由于受到“以和为贵”的处世原则和“息诉止讼”的儒家思想的影响，调解在我国历史上经久不衰，并成为我国封建社会民间纠纷解决的主要方式。中华人民共和国成立后，我国的国体决定了运用调解化解民间纠纷、增进人民内部团结是社会治理的重要方式之一，从而使调解具有了人民性，丰富了传统调解的内涵。我国也专门确立了人民调解委员会这一调解纠纷的主体，以便为更好发挥人民调解的功效提供制度保障。1954 年 3 月中央人民政府政务院通过并颁布了《人民调解委员会暂行组织通则》，这也标志着人民调解制度第一次在全国范围内建立。人民调解所体现的具有中国特色的化解矛盾、消除纷争的非诉讼纠纷解决方式，在国际上被誉为化解社会矛盾的“东方经验”和“东方之花”。

人民调解作为我国“土生土长”的化解纠纷、维护社会稳定的纠纷解决方式，其所具有的价值在我国并没有形成共识，以致在中华人民共和国成立后，人民调解并没有被放到一个极其重要的位置，只是作为基层治理的一个方面。党的十一届三中全会提出健全社会主义法制的重大决策，我国在推进社会主义现代化建设的同时，法律制度建设不断取得成就，以诉讼为主的纠纷解决机制得以确立。此时，人民调解却相对处于沉寂期。进入21世纪后，以诉讼为主的司法体制难以承受对改革开放、社会转型所产生的日益复杂的社会矛盾进行化解的压力，人民调解又得以蓬勃兴起。在国家层面，《中华人民共和国人民调解法》的制定和出台以及党的十八届四中全会审议通过了《中共中央关于全面推进依法治国若干重大问题的决定》，人民调解得到高度重视。国家重视并加强了人民调解的制度建设、组织建设、队伍建设等。在社会实践层面，人民调解不断得到宣传和推广。同时，理论界也对人民调解进行了一些研究。从社会认知层面来看，人民调解与诉讼仍然难以对等，人们对人民调解仍然难以认同。尽管人民调解作为维护社会稳定的第一道防线发挥了巨大的作用，但人们并没有真正充分利用人民调解化解纠纷和矛盾。这在一定程度上弱化了人民调解的价值，也影响了我国多元化纠纷解决机制的健全，进而影响到依法治国进程的全面推进。因此，我们有必要在依法治国背景下，为更好推进依法治国而对人民调解制度进行剖析，梳理人民调解的产生和发展的历史脉络，厘清人民调解在我国法治进程中的价值，深刻阐释人民调解的机理，把握人民调解的发展走势。本书便是以理论和实践为立足点对依法治国进程中的人民调解制度进行思考的一种尝试。

本书从传统调解和人民调解的概念入手，分别从历史、理论、制度、现实、实践和发展的角度，对人民调解的发展及价值、依法治国对人民调解的要求、人民调解的内在机理以及未来发展等问题进行了较为全面、深刻的探讨。本书主体内容分为四个部分：

第一部分（第一章）从传统调解的历史沿革入手，对传统调解何以能够存在和发展、传统调解对历史有什么贡献等问题进行了深入的分析，认为传统调解经历了起源与发展、成熟与完备、传承与创新三个阶段。从历史的维度看，调解起源于原始社会，在原始社会存在着调解的雏形。在西周时期，调解制度比较完备。在宋元时期，调解更为普遍，调解制度趋于成熟。在明清时期，调解制度已相对完备，民间调解有了法律的明确规定。到了民国时期，政府和社会一方面对传统调解进行了传承，继续推行调解这一解决纠纷的模式；另一方面又对传统调解进行了创新，形成了固化的调解组织。关于传统调解之所以能够存在和发展的问题，本部分从四个维度进行了考察，认为乡土社会是传统调解存在和发展的社会基础；小农经济是传统调解存在和发展的经济基础；宗法制度是传统调解存在和发展的政治基础；和谐与无讼文化是传统调解存在和发展的文化基础。本部分进一步认为，传统调解能够在我国延续几千年，并在当代能够振兴，自然是因为传统调解蕴含的优秀基因对社会做出的历史贡献。第三方以一个中立者的身份进行调解，展示了纠纷解决途径的理想模式，使调解具有了强大的生命力。调解过程的道德教化既使纠纷得到彻底解决，又使传统文化的内涵得以丰富和传承，促进了社会的和谐统一。传统民间调解的形式和地点的灵活性，为现代调解提供了经验和启示。

第二部分（第二章）对我国社会转型期依法治国不断推进的背景下，现代人民调解何以勃兴的相关问题进行了深入分析，认为我国基于依法治国所进行的法治建设，应是结合我国国情，进行“法德并重”和“诉调并重”的法治建设。我国必须重视人民调解在纠纷解决机制中的重要作用，建立“诉调并重”的多元化纠纷解决机制。这也是对西方法治加以借鉴的结果。缘起于古希腊时期，经由古罗马时期的发展和中世纪时期的传承，到近代资产阶级的更新，法治在西方走过了漫长的历史道路，并且形成了不同历史时期的西方法治思想。西方法治的内在逻辑表明西方国家的法治模式是多样性的。我国要坚持从中国实际出发推进法治建设。我国可以借鉴西方法治的有益经验，但绝不照搬西方法治理念和模式。人民调解的实践证明：人民调解在基层筑起了一道化解纠纷、缓解矛盾、预防犯罪的坚固防线，人民调解应当作为与诉讼同等重要的纠纷解决方式。人民调解制度的健全和完善是我国依法治国的重要组成部分。通过分析现代人民调解的历史演变，本部分认为从中华人民共和国成立到20世纪70年代末，人民调解制度经历了确立和曲折发展的过程后，由于党的十一届三中全会提出的法制建设在实践中表现为法律体系的完善和以审判为中心的司法制度，人民调解在解决民间纠纷中的作用被弱化。自21世纪初至今，基于化解社会矛盾、建立和谐的人际关系的现实需求，我国在依法治国的要素中确立了包括人民调解在内的多元化纠纷解决机制。我国依法治国制度的确立更是对人民调解提出了明确的发展要求。从中央到地方，人民调解实现了勃兴。结合《中共中央关于全面推进依法治国若干重大问题的决定》，本部分认为依法治国对人民调解提出了具体的要求，如完善包括人民调解在内的各纠纷解决途径有机衔接、相互协调的多元化纠纷解决机制，加强行业性、专业性人民调解组织建设，发展人民调解员队伍，完善人民调解、行政调解、司法调解联动工作体系。这也意味着人民调解会在我国依法治国的进程中占有重要的地位、发挥重要的作用。从人民调解在我国依法治国进程中的重要地位来看，人民调解是多元化纠纷解决机制的重要组成部分，是社会主义法律体系的重要组成部分，是依法治国进程中社会主义民主政治建设的重要体现，是推进依法治国内涵建设的重要组成部分。从人民调解在我国依法治国进程中的重要作用来看，人民调解对维护社会稳定起着巨大作用，人民调解促进了改革开放和经济建设，人民调解是为群众排忧解难、为政府和法院减负分压的“减压阀”，人民调解是联系人民群众与人民政府的重要渠道，人民调解推动了社会主义精神文明建设。

第三部分（第三章）着重分析了依法治国进程中人民调解的运行机理，认为从法治的角度看，由于传统法治观念主导的诉讼至上使得人民调解并没有获得应有的地位，在人民调解的建设过程中应当将其视为法治的重要因素，人民调解应成为我国多元化纠纷解决机制中的重要一环。在我国法治建设过程中，人民调解制度建设要进一步加强，人民调解的作用要得到充分发挥。考虑到人民调解的群众性、人民性特征，结合我国的国情，人民调解必须做到法、理、情的融合，这也是由人民调解的目的、目标所决定的。具体而言，人民调解必须同时依赖法、理、情，以法律为基础进行调解，同时考虑非法律因素——理、情，但理、情的运用不能与国家法律对立。本部分认为，人民调解的调解属性彰显了语言在人民调解中的重要价值。善于运用人民调解语言是人民调解语言运用的基本要求，语言富有感情色彩是人民调解语言运用的内在要求，语言的灵活运用是人民调解语言运用的效果要求。本部分同时指出，如果调解员不能真正做到遵循人民调解的原则、依据人民调解的规范性要求进行调解，如果纠纷当事人不能理性对待调解，人民调解组织、人民调解员就会面临一定的调解风险。这就需要人民调解组织、人民调解员认清人民调解过程中的风险，采取必要的防控措施，以便更好地保障人民调解工作的顺利开展。

第四部分（第四章）着重分析了依法治国进程中人民调解未来发展的趋势，认为伴随着我国社会转型带来的社会结构深刻变动、利益格局深刻调整以及思想观念深刻变化，在一定程度上和一定范围内我国社会呈现出了矛盾日益复杂化、尖锐化和群体化的态势。因此，以充分发挥人民调解的功能为基础、以整合各种纠纷解决机制为目的的大调解机制成为一种现实选择。我国大调解机制的构建既是缓解法院压力的需要，也是适应我国社会转型期解决复杂性和特殊性矛盾的需要，更是顺应我国法治发展的需要。因此，我国要充分肯定大调解机制是当事人的一种权利救济途径，要树立大调解是对调解的进一步推广的理念。本部分认为，结合我国解决纠纷现状的现实需要，贯彻我国对人民调解的顶层设计，在依法治国的进程中，加强行业性、专业性人民调解组织的建设，完善人民调解、行政调解、司法调解联动工作体系，是完善人民调解制度、适应通过人民调解解决民间纠纷的社会发展趋势的需求。律师调解也成为人民调解的新发展趋势。相信随着我国对人民调解的不断重视，人民调解会不断创新。

刘树桥

2020年4月于广州

目　录

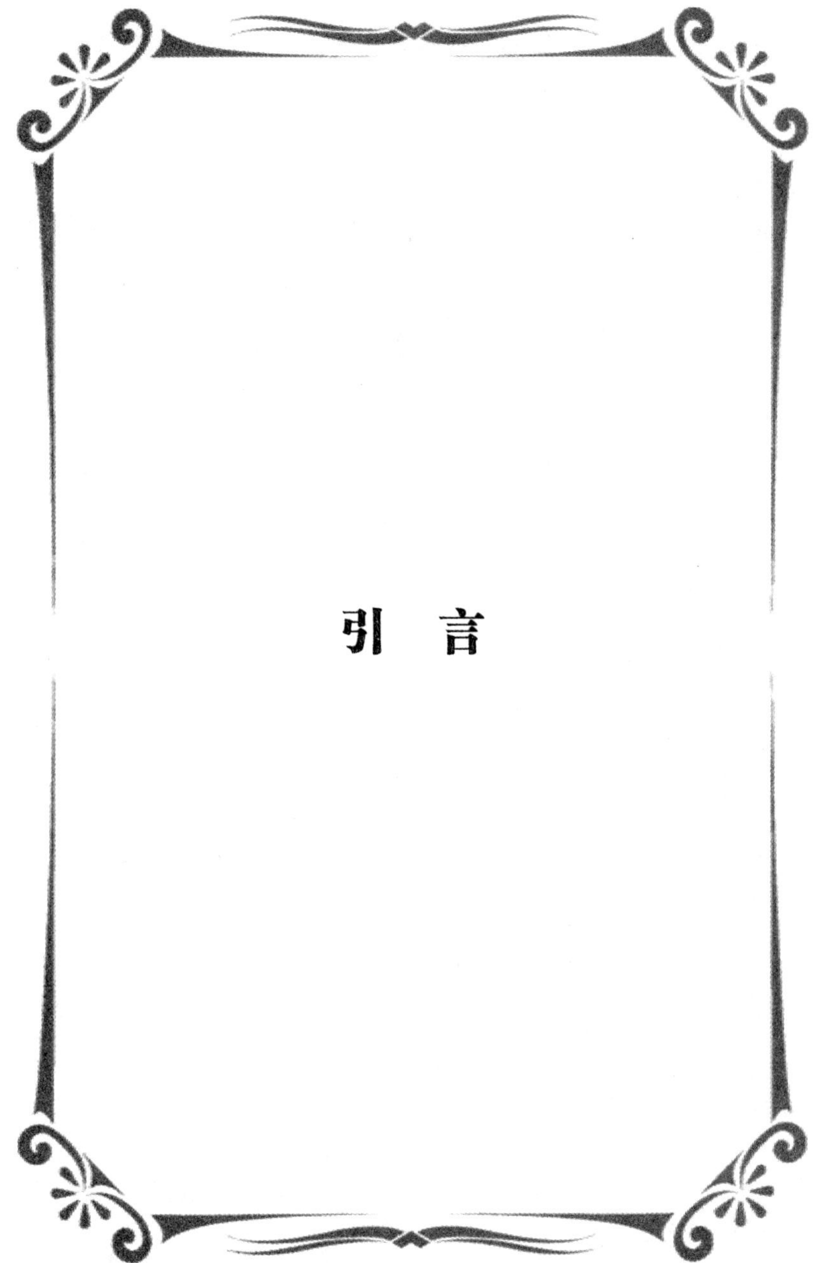

引　言

在我国依法治国的背景下，人民调解制度已经相对成熟。特别是在经过了长期的社会实践后，2010 年 8 月 28 日，第十一届全国人民代表大会常务委员会第十六次会议通过了《中华人民共和国人民调解法》，从法律的层面对人民调解作出了系统的规定，使人民调解的地位得以明确。党的十八届四中全会上通过的《中共中央关于全面推进依法治国若干重大问题的决定》，对人民调解进行了顶层设计，明确了人民调解的基本建设思路。伴随着人民调解的法律、制度确认，人民调解获得的各项支持的力度越来越大，人民调解在实践中发挥的效能越来越明显，社会各界人士对人民调解的关注度越来越高，人民调解的理论也越来越丰富。人民调解的价值正逐渐取得共识。从我国对人民调解的法律规定和顶层设计来看，人民调解实际上已经纳入了我国法治建设的轨道，成为我国法治建设的重要组成部分。

如果进一步审视我国人民调解的整体状况，我们就会发现，在我国依法治国的背景下，人民调解似乎也并没有完全融入人们的内心。人们对人民调解的历史认知比较模糊，对其价值存在也不是很清晰。尽管人民调解是我国法治建设所强调的多元化纠纷解决机制中的重要一环，但人们在观念上对这重要一环还没有深刻的体会，人们似乎也并没有完全认同人民调解，因而在实践中人民调解的作用也就并没有充分发挥。人民调解所处的境况仍不尽如人意，具体表现为我国人民调解的组织建设相对完善，但有些地方的人民调解组织并没有充分履行职责；人民调解队伍目前处在一种兼职为主、专职为辅的状况，难以充分发挥人民调解队伍的最大优势；调解人员对于如何运用人民调解的内在机理来应对纠纷显得还不够熟练；人民调解队伍的保障不足、人民调解结果的非强制性以及人民调解难以比肩诉讼在一定程度上制约了人民调解的发展。此外，人们对人民调解的未来发展也没有足够的认识。

这就需要我们从历史的维度厘清人民调解的历史脉络，挖掘人民调解蕴含的优秀基因并将其发扬光大；从理论、制度和现实的角度审视我国法治建设中的人民调解，考察人民调解何以构成法治因素、如何在经历曲折发展后得以勃兴。特别是需要我们明确如何看待依法治国对人民调解的要求以及人民调解在依法治国进程中所蕴含的价值。从实践的角度，我们要清楚法治视域下人民调解的走向，体会在具体纠纷的调解中法、理、情如何融合，人民调解的语言如何运用以及人民调解的风险如何防范，从而深谙人民调解的内在机理，以便自如地应对矛盾、化解纠纷。从发展的角度，我们需要理解大调解格局构建的背景及构建的内在要求，特别是把握好未来人民调解组织的建设要求及人民调解如何创新发展。这样就可以让我们对人民调解有一个相对系统、全面的认识，也有助于正本清源并正确地认识人民调解。基于此，本书试图从上述几个层面对人民调解进行深度探讨，以期达到研究的目的。

第一章

史海钩沉：传统调解的历史贡献

第一节　传统调解的历史沿革

调解在我国有着悠久的历史，可上溯至社会文明之初。我国清代以前的调解是以传统民间调解为主的。传统民间调解尽管有“居间”“调停”“排解”“劝解”“和解”“休和”“和息”等多种不同的提法，但都是强调由第三方协调解决纠纷。毫无疑问，作为现代调解主要表现形式的人民调解，是在传统民间调解不断发展的基础上确立并制度化的。从传统到现代，调解成为我国解决纠纷的一道风景线。从我国几千年的社会发展进程来看，调解始终是我国纠纷解决机制中的重要组成部分。当然，从传统到现代，调解有一个不断发展的过程。

一、起源与发展

早在原始社会，就存在着由氏族成员大会、氏族首领或有威信的氏族成员主持来平息纠纷的调解雏形。原始社会是传统民间调解的萌芽时期。从现有文献来看，尧舜时期就有了调解的传说事例。据《史记·五帝本纪》记载：“历山之农者侵畔，舜往耕焉，期年甽亩正。河滨之渔者争坻，舜往渔焉，期年而让长。东夷之陶者器苦窳，舜往陶焉，期年而器牢。”[①]由于原始社会缺乏专门解决纠纷的机制，氏族成员之间和氏族之间的纠纷主要通过复仇或调和的方式来解决。当然，在当时的社会条件下，处于平等地位的原始社会的人们通过自觉遵循传统习惯对纠纷进行自我调和，这种方式更有利于社会生产的发展，是基于自然生存的一种选择。对此，恩格斯说：“一切争端和纠纷，都由当事人的全体即氏族或部落来解决，或者由各个氏族相互解决；血族复仇仅仅当做一种极端的、很少应用的手段”“一切问题都由当事人自己解决”[②]。

传统调解制度的建立则始于西周。《史记·周本纪》记载：“西伯阴行

① 张晋藩. 中国法律的传统与近代转型［M］. 北京：法律出版社，1997：277.

② 马克思，恩格斯. 马克思恩格斯选集：第4卷［M］. 北京：人民出版社，1995：92-93.

善，诸侯皆来决平。於是虞、芮之人有狱不能决，乃如周。入界，耕者皆让畔，民俗皆让长。虞、芮之人未见西伯，皆惭，相谓曰：‘吾所争，周人所耻，何往为，祇取辱耳。’遂还，俱让而去。诸侯闻之，曰‘西伯盖受命之君’。”[①]西周时期的青铜器铭文《曶鼎》也记载了奴隶主贵族间关于调解土地租赁纠纷和债务纠纷的事例。在周朝，调解制度比较完备，既有民间调解，又有官府调解。西周设置了调解纠纷的官府机构和官吏。例如，西周基层建立了乡、遂一级，分别聚族和聚地而居，其内部居民称为“国人”和“野人”，后者无政治权利，但乡、遂一级官府都有调解民间纠纷的职责。据《周礼·地官司徒》记载，西周的官职中“调人之职，司万民之难而谐和之”[②]。“调人”就是专门负责调解纠纷、平息诉讼的官吏。孔子作为儒家代表，更是主张通过调解解决纠纷。据记载：“孔子为鲁大司寇，有父子讼者，夫子同狴执之，三月不别。其父请止，夫子赦之焉。季孙闻之不悦，曰：‘司寇欺余，曩告余曰：国家必先以孝，余今戮一不孝以教民孝，不亦可乎？而又赦，何哉！’冉有以告孔子，子喟然叹曰：‘呜呼！上失其道而杀其下，非理也。不教以孝而听其狱，是杀不辜。三军大败，不可斩也。狱犴不治，不可刑也。何者？上教之不行，罪不在民故也。夫慢令谨诛，贼也。征敛无时，暴也。不试责成，虐也。政无此三者，然后刑可即也。”[③]

秦汉以来，我国进入封建社会，调解制度取得了发展。秦汉时期调解制度发展为乡官治事的调解机制，即县以上官府行使审判权，由乡及以下社会基层组织承担“职听讼”和“收赋税”的职能。其中，“职听讼”就是调解民间纠纷。根据当时的制度规定，乡有“三老”（农老、商老、工老）、有秩、啬夫、游缴；亭设亭长；里有里正。秦代在县、乡、亭三级都设啬夫，汉代仅在乡一级设啬夫。其中，“三老”负责教化，即依据民

---

① 周本纪（8）[EB/OL].(2017-09-12)[2018-07-21]. https://www.sohu.com/a/191362811_355459.

② 熊先觉. 中国司法制度新论［M］. 北京：中国法制出版社，1999：206.

③ 孔子系列故事四——父子讼[EB/OL].(2017-05-14)[2018-07-21].https://tieba.baidu.com/p/5115250853? red_tag=1768151337.

间的伦理道德调解纠纷，而有秩、啬夫则以“验问”为手段调解纠纷。

到了唐代，盛行的儒家思想与文化决定了调解的进一步发展。调解蔚然成风，官员和一般百姓都重视调解。沿袭秦汉调解制度，乡及以下基层组织承担调解职责。唐代基层组织是按城区、郊区和乡村设置的，城区设坊正，郊区设村正，乡村设里正。坊正、村正、里正也就构成了唐代比较完备的调解组织。民间纠纷先由坊正、村正、里正进行调解，调解不成，则进行官府调解——上诉至县衙由县令主持调解。

二、成熟与完备

宋元时期，调解更为普遍，调解制度趋于成熟。宋代调解方式分为官府调解、亲戚宗族调解、民间自行调解三种。根据有关记载，一般情况下，官府对亲属之间的纠纷，往往先用道德教化的方法进行调解。而对晚辈之间关于财产分配不公的纠纷，官府也是先告知族中权威长辈，由其先自行调解。元代有民间调解和官府调解两种方式。元代在基层乡里设社，由社长负责民间调解。基于缓和社会矛盾的需要，官府审理案件也会进行调解和劝说，但是通过官府调解达成和解而再次起诉的，官府不予受理。

明清时期，调解制度已相对完备。明代民间调解有了法律的明确规定。明代初期法律明确规定在全国各乡设“申明亭”，由本乡推举三五名公直老人（耆老、里长）主持对本乡民间纠纷进行调解，“凡民间应有词讼，许耆老、里长准受于本亭剖理”（《大明律》）。明代的民间纠纷一般都必须先进行民间调解——申明亭调处，调处不成，再由官府审判。明代中期，“申明亭”逐渐废除，明代乡村百姓成立的民间社团组织成为一个重要的调处民间纠纷的组织，“乡约制度”得到推广和实行，即每里为一约，每约设约正、约副、约讲、约史各一人，负责调解本约内成员间的纠纷。清代最高统治者十分重视调解息讼，从顺治的《圣谕六条》到康熙的《圣谕十六条》，再到雍正的《圣谕广训》，都有对调解的规定。清代基层组织实行保甲制，设排头、甲头、保正之职，其职能包括调解民间纠纷。运用乡规民约和宗法族规调解民间纠纷的做法在清代社会广泛流行。

三、传承与创新

从我国调解历史的发展来看，社会上存在着官府调解、官批民调、民间调解三种模式。上述关于我国各朝代设置乡一级的调解官员所进行的是乡里调解，虽然具有半官方性质，但传统上视为民间调解的一种。民间调解还表现为宗族调解、邻里调解、亲友调解、行会调解等。官批民调是指官府将纠纷以“批词”的形式交由乡里进行调处，或者加派差役协同乡保处理，调处不成，再予以判决。官府调解是指在官府主持下的调解。

通过这三种调解模式，我们可以作出如下判断：

一是传统调解注重道德教化。传统民间调解是中国社会主要处在封建社会时代的一种社会现象，这个时代并不存在权利法，也不重视人们的权利。道德、礼俗、人情等是人们长期以来的行为规范标准。因此，传统民间调解主要是通过道德教化来进行的。除了官府调解原则上会以国家的法律为依据，传统民间调解更多是侧重情理、习惯和风俗等多元化的规则。这种调解往往需要通过当事人的忍让来推进，与当事人的意志相违背。

二是传统调解的调解者一般会具有足够的权威或地位。民间纠纷的调解者往往是德高望重的年长者、宗族中有威望的人或是具有官方身份的人。这种权威和地位是中国作为农业社会发展的基础。也正是这种权威和地位，能够形成对当事人极强的约束力，使当事人接受调解。

三是传统调解较为灵活。多种调解模式的并存、多种调解规则的并存，特别是道德教化的调解特色，决定了传统民间调解难以形成固化的形态。因此，传统民间调解具有灵活性，不同的调解形式、不同的调解方法、不同的调解手段都会呈现在调解的过程中。

相对于封建社会，处于半殖民地半封建社会背景下的中华民国时期，一方面对传统调解进行了传承，继续推行调解这一解决纠纷的模式，仍然把调解作为处理民间纠纷的途径，并强调通过第三方的“说和”及时有效地解决纠纷；另一方面，又对传统调解进行了创新。一是形成了固化的调解组织。中华民国政府的《区自治施行法》和《乡镇自治施行法》都规定区、乡、镇设立调解委员会，从法律意义上为调解组织赋予了“调解委员会”的名称。二是对调解人员的要求更加严格，强调调解人员不但得是德高望重的公正人士，而且还要具备法律知识，并且还要通过选举产生。这就为调解增加了新的内涵。

在中华人民共和国成立前，在传统民间调解发展演变的基础上，萌芽于土地革命时期的由农会组织和局部政权组织设立的调解组织，开始真正具有人民民主的性质，成为具有现代气息的群众性调解组织。在抗日战争时期，调解组织更是被称为“人民调解委员会”，为当代人民调解制度的发展奠定了基础。当然，这种基础不仅表现在调解组织的名称上，更重要的是人民调解开始制度化、法律化，是真正建立在当事人平等基础上的调解，能够实现对当事人意志的体现和权利的保障，具有了人民性、民主性、自愿性的当代调解的特质。

第二节　传统调解存在和发展的多维度考察

传统调解之所以能够根植于我国的土壤，在我国萌芽、发展、成熟、完善，并经过传承与创新成为当代多元化纠纷解决机制的重要组成部分，是因为多种因素的共同影响。

一、乡土社会：传统调解存在和发展的社会基础

任何一种社会现象，都应当放到社会发展的背景下去考察。社会特质是衍生一切社会现象的根源。一切政治、经济、文化都是具有社会属性的，是取决于社会而存在的。因此，纠纷解决模式的确立首先是社会发展的选择，是具有社会性的。对此，美国学者布莱克认为，纠纷的解决由纠纷的社会结构决定。

乡土社会是我国传统社会的典型特点。费孝通先生提道：“从基层上看去，中国社会是乡土性的。”① 在我国社会转型前，中国乡村农民的人生

① 费孝通. 乡土中国 生育制度［M］. 北京：北京大学出版社，1998：6.

半径局限在封闭的乡以内，在凝固的“土”和封闭的“乡”中孕育出“原生态”的乡土性①。中国乡村的生活是根植于“土”上的生活。这种乡土性受到以邻里为主的地缘关系和以宗族、家庭为中心的血缘关系的制约。因此，人和人之间基于活动范围的局限性而彼此熟悉，构建了“熟人社会”，人们之间非亲即邻，伦理道德也就成为维系“熟人社会”的秩序标准。

伦理道德作为乡土社会人际关系的纽带，是我国传统社会礼治秩序的基础。人们从一出生就在礼治秩序中接受教育、学会做人，并把礼治作为一种习惯自觉地遵守。因此，礼治使人们成为知礼、自觉守规矩的人，并且不得越礼行事，否则会被认为没有教养，家庭也会受到牵连。

这样以伦理道德观念为主导的通过礼治秩序形成的乡土社会，需要人们谨遵礼治。礼治也成为对一个人的评价标准。道德教化就成为乡土社会治理的主要方式。对于人们之间的矛盾纠纷，乡土社会主要不是靠强硬的惩罚手段来解决，而是动之以情、晓之以理，以平和的方式来解决。如果人与人之间有了纠纷，去打官司，则被认为是一件羞耻的事，因为产生纠纷的双方会被认为教化不够、不懂礼节。因此，在乡土社会，纠纷的主要解决手段是调解，即找人评理，随后通过教育、道德教化来解决问题。

二、小农经济：传统调解存在和发展的经济基础

乡土社会决定了我国长期以来的基本经济结构是小农经济。这种经济是以一家一户为基本生产单位的小农业和家庭手工业的结合。其中，以一家一户为基本生产单位的小农业经济是常态，家庭手工业经济起补充作用。我国尽管在历史上曾出现过资本主义经济的萌芽，但总体上是否定和排斥商品经济的。对此，有学者提出：“从周、秦到清鸦片战争以前的这一长时期中，中国社会的基本经济结构都是以农奴劳动为主体的小规模农业生产和家庭手工业的统一结合。”②

---

① 熊凤水. 流变的乡土性［M］. 北京：社会科学文献出版社，2016：31.

② 邓拓. 论中国历史的几个问题［M］. 北京：生活·读书·新知三联书店，1979：44.

由于小农经济主要体现为以一家一户为基本生产单位的小农业经济，因此它呈现为一种农耕经济，农耕是人们最普遍的谋生办法。它以一种自给自足的自然经济来影响社会的发展。在这样的经济形态下，封闭性、血缘性、非经济性、等级性就成为典型的社会属性。封闭性限制了人们的活动空间，因此纠纷的发生也难以超出人们生活的地域范围，而纠纷主体也主要是亲友邻里。

在相对封闭的地域内，人与人之间以血缘为纽带形成了不同的亲疏远近关系，这决定了农耕经济的家庭性和分散性。这种农耕经济以一种相对落后的生产力维系，同时又表现为一种依赖自然的经济，因此基于相对落后的生产力和对自然灾害抵抗能力的不足，家庭性和分散性的农耕经济特性决定了在相对封闭的地域内，人们之间需要强调和谐，才能保证人们的生存和发展。日本学者野田良之曾指出："农耕民族的社会本来就重视相安无事的和平，而把纠纷和斗争看做社会的病态现象。"①

这种封闭性、血缘性的社会属性以及基于农耕经济对和谐的要求，决定了人们需要在其生活的地域范围内保持融洽的人际关系。即使产生了纠纷，人们也常常通过血缘、地缘因素构成的熟人社会要素冲淡对立情绪②。这意味着在小农经济下，人们需要维系和谐的人际关系，以满足自给自足的自然经济。因此，纠纷当事人常常采取恢复、维持或至少不破坏原有人际关系的方式来解决纠纷，调解就成为在这种情势下可以选择的最好的方式③。

三、宗法制度：传统调解存在和发展的政治基础

受乡土社会、小农经济的社会经济结构的影响，我国古代呈现出"家国同构"的典型政治结构。这种同构表现为国家治理和家庭自律具有同质

① 滋贺秀三，等. 明清时期的民事审判与民间契约［M］. 王亚新，等译. 北京：法律出版社，1998：87.

② 春杨. 晚清乡土社会民事纠纷调解制度研究［M］. 北京：北京大学出版社，2009：28.

③ 彭芙蓉，冯学智. 反思与重构：人民调解制度研究［M］. 北京：中国政法大学出版社，2013：35-36.

性。具体而言，从氏族社会的族群到我国古代社会的家庭一直是以血缘为纽带维系家庭和宗族的稳定的。血缘的远近确立了人与人之间关系的远近，进而确立了人与人在家庭、社会上的不平等地位，形成了社会结构的差序格局，即确立了人与人之间的伦理秩序。在家族内部，以父家长为中心，强调嫡长子继承制，主张“亲亲、尊尊、长长”的价值观。这种伦理秩序同样成为维系国家政治统治的政治原则，皇帝是国这个大“家”的家长，皇帝以下的官员、百姓形成层层等级关系。因此，国家以宗族的宗法秩序作为国家治理的规则，国法实质上是家法的延伸。古代中国社会体现为宗法家族社会，宗法等级制度也就成为古代中国的典型政治制度。

宗法等级制度作为古代中国的典型政治制度，以人与人在家庭、社会上的不平等地位为基础，进一步削弱了权利、强化了义务，确立了一套完整的伦理秩序，使礼成为典型的社会行为规范。这套伦理秩序维系的是家族基于血缘关系而形成的共同体的稳定性乃至国家秩序的稳定性，因此是以“和谐”“安宁”为基本价值的。“伦理道德从维系血缘家庭和睦共存的价值意义，进而获得维护整个社会正式制度稳定存在的意义。”①

基于以血缘为纽带的宗法等级制度进而形成的共同体是血缘共同体和情感共同体的结合，因此宗法等级制度也重视对亲情和族情的维护，追求家庭内部的和谐与团结。这样一种制度同样决定了人们对纠纷的认识、对纠纷解决方式的选择，即在宗法等级制度下，维持伦理秩序、维护和谐安宁是基本要求，而争议则通常被看做对宗法伦理秩序的破坏，甚至是违背宗法伦理道德的。一旦发生冲突，宗法等级制度强调息事宁人，隐忍退让。需要解决冲突的话，通常人们也会以处理“家务事”的方式请“家长”来评判——调解。这样一种纠纷解决方式同样适用于生活在一定地域内的“乡土”上的宗族与宗族以外的人之间的纠纷。受宗法等级制度确立的伦理规则的影响，生活在一定地域内的“乡土”上的人们，由于非亲即邻，需要在一种和谐的氛围中生活，当发生纠纷后，也需要以调处的方式化解纠纷，保障邻里和睦。

---

① 金太军，王庆五. 中国传统政治文化新论［M］. 北京：社会科学文献出版社，2006：84.

四、和谐与无讼文化：传统调解存在和发展的文化基础

传统调解的存在和发展，深受与我国农业文明相伴生的、以“天人合一”哲学观为核心的“和合文化”，进而形成的“和为贵”“无讼”等法律文化的影响。

前已述及，以农耕为人们最普遍的谋生办法的小农经济，呈现的是一种自给自足的农耕文明。这种文明建立在对大自然的依赖和崇拜的基础上，表达的是对“天”的敬畏心态。这一社会经济基础最终形成了中国古代的“敬天”思想，强调“天人合一”的“和合文化”。这种文化注重以人、自然、社会的和谐来实现社会、人的生存和发展。在处理人与人之间的关系上，这种文化则强调“以和为贵”，倡导“无讼”。“和为贵”“无讼”成为我国古代上千年来的传统文化。

这种文化为我国古代的历代封建王朝统治者所倡导。我国古代的历代封建王朝统治者从自身的利益出发，一直追求稳定的社会秩序，力求达到和谐稳定的理想社会，通过维护一个没有纷争的久安社会来实现一个长治的目标。因此，历代封建王朝统治者在意识形态上培养民众“无讼”“贱讼”的意识，在司法制度上限制民众的诉权，在审理案件时县官首选调处息讼的策略以及支持和鼓励民间调解等[①]。

而在思想传播上，历代封建王朝统治者更是主张“和为贵”“无讼”，主张调和。《论语·学而》提道：“礼之用，和为贵。”诉讼被认为是一种破坏社会秩序的极端方式。“讼，终凶”“讼乃破家灭身之本，骨肉变为怨仇，邻里化为仇敌，遗祸无穷，虽胜亦负，不祥大焉”[②]。孔子也提出：“听讼，吾犹人也。必也，使无讼乎。”在孔子看来，和谐唯美，其价值实现在于追求中庸之道，强调调和。“不偏之谓中，不易之谓庸。中者，天下之正道；庸者，天下之定理”“喜怒哀乐之未发谓之中，发而皆中节谓之和，中也者，天下之大本也；和也者，天下之达道也。致中和，天地位

---

① 徐胜萍. 人民调解制度研究［M］. 北京：北京师范大学出版社，2016：48.

② 中国社会科学院历史研究所. 名公书判清明集［M］. 北京：中华书局，1987：637.

焉，万物育焉”。可见，“和”的观念为调解的内在机理，在调解中贯穿“和谐”精神和教化原则使调解显示了生机和活力。

“和为贵”“无讼”的文化自然就对当事人产生了影响，特别是在宗法制度和统治者的引导下，调解和厌讼就成为民间纠纷的当事人趋利避害的一种行为选择，更是我国传统文化在纠纷解决实践中的具体体现。

第三节 传统调解的历史贡献

根植于我国乡土社会和宗法等级制度、受小农经济决定和传统文化影响的传统调解，能够在我国延续几千年，并在当代得以振兴，自然是因为传统调解蕴含的优秀基因对传统社会做出的历史贡献，使传统调解得以被认可并获得了传承的空间。这种历史贡献除了传统民间调解体现的“止争息讼”的价值外，还表现为以下几个方面：

一、第三方以一个中立者的身份进行调解，展示了纠纷解决途径的理想模式

古代社会的纠纷解决途径主要包含官府衙门裁断和调解。在我国古代的集权统治状态下，当事人很难通过官府衙门裁断保障权益。而传统调解虽然是由传统的社会、经济、政治、文化因素所决定，但作为一种纠纷解决模式确实能够受到当事人的推崇，并且起到维护社会稳定与和谐的作用。

具体而言，调解是通过第三方以一个中立者的身份进行的。而作为促进纠纷化解的中立者，一般都是那些德高望重的或被认为能够代表公正的人或机构，即我国优秀传统文化蕴含的仁义、诚信等因素，往往都能够在进行调解的第三方身上有所体现。进行调解的第三方正是因为具有这样优秀的品质，所以能够公正地化解纠纷，并且能够付出真心、热心甚至通过自我表率化解纠纷。如前所述，尧舜在调解的时候就是通过自我表率化解纠纷的。进行调解的第三方因其具有的优秀品质，往往能够取得当事人的

信任，并让当事人愿意接受调解。我国传统的宗族调解、乡里调解、邻里调解、亲友调解、行会调解等调解方式莫不如此。

可见，这种通过第三方以一个中立者的身份进行的调解，展示了纠纷解决途径的理想模式，从而使调解具有了强大的生命力，进而使得这种通过中立者公正化解纠纷的模式得以延续，并为现代纠纷的解决提供了借鉴。

二、调解过程的道德教化既使纠纷得到彻底解决，又使传统文化的内涵得以丰富和传承

如前所述，传统民间调解的典型特点表现为道德教化。传统民间调解作为一种道德教化的手段，在维护纠纷当事人权利的基础上，更注重儒家礼教、纲常伦理的弘扬。传统民间调解力图通过儒家礼教、纲常伦理促使纠纷当事人自省、自责，进而彻底解决纠纷。这一过程不但通过道德教化实现了定纷止争，更是提升了人的道德修养，而人的道德修养的提升反过来又丰富了传统文化的内涵，促进了社会的和谐统一。

第一，道德教化造就了人们忍让、自律与和睦相处的品格，这些品格进而转化为我国的优秀传统文化。道德教化也使人们具备了崇德重礼的观念，具有了安分守己、包容谦逊、与人为善、追求和谐的精神品质，从而在纠纷调解中能够讲究情理、相互宽容。正是通过道德教化使人们具有的这些优良品质，才使得调解成为可能。"六尺巷的故事"① 和"郑大进劝

---

① 清康熙年间，张英担任文华殿大学士兼礼部尚书。张英的老家桐城的官邸与吴家为邻，两家院落之间有条巷子，供双方出入使用。后来吴家要建新房，想占这条路，张家人不同意。双方争执不下，将官司打到当地县衙。县官考虑到两家人都是名门望族，不敢轻易了断。这时，张家人一气之下写封加急信送给张英，要求他出面解决。张英看了信后，认为应该谦让邻里，他在给家里的回信中写了四句话："千里来书只为墙，让他三尺又何妨？万里长城今犹在，不见当年秦始皇。"家人阅罢，明白其中含义，主动让出三尺空地。吴家见状，深受感动，也主动让出三尺建宅之地，"六尺巷"由此得名。从"六尺巷"的典故说起［EB/OL］.(2014-06-30)［2018-07-28］. http://www.rs66.com/zheligushi/100786.html.

和”[①] 就是因为当事人讲情理，懂得宽容、忍让，才使得纠纷得以解决，并成为千古佳话。

第二，道德教化与我国“和合文化”相呼应，使我国悠久的调解传统积累了丰富的具有调解意蕴的语言。例如，“远亲不如近邻”“一家人不说两家话”“五百年前是一家”“冤家宜解不宜结”“大事化小、小事化了”“化干戈为玉帛”“相骂无好言、相打无好拳”“家和万事兴”“和气生财”等。这些具有调解意蕴的语言使得调解更具有亲和力，让纠纷当事人更容易接受调解。

传统民间调解所体现的道德教化的特点，无疑对现代调解具有重要的启示。现代调解所追求的通过彻底解决纠纷以维护社会稳定与和谐的调解价值，决定了现代调解并不是简单的不违法调解，而是更应该注重道德、风俗习惯等因素对纠纷当事人的作用。这不仅仅是落实“依法治国和以德治国相结合”的法治要求，更是保证纠纷得以彻底解决的基本选择。现代调解要通过法、理、情的结合，特别是在不违法基础上的情理因素的运用，使纠纷当事人能够接受调解结果，进而彻底解决纠纷，实现社会的和谐稳定。

三、传统民间调解的形式和地点的灵活性，为现代调解提供了经验和启示

传统民间调解并不拘泥于特定的形式和地点，因此可以在纠纷当事人家中进行，也可以在茶馆、官府等地进行。为了息事宁人，调解的方法更是五花八门，如上述提及的道德教化，还有的表现为亲情感化，甚至是“冷处理”等。调解形式和地点的灵活性，一方面方便了纠纷当事人，另

---

① 郑大进（1709—1782），字誉捷，号谦基，又号退谷，谥勤恪，揭阳县梅冈都山尾村（今揭东区玉滘镇山美村）人。清乾隆年间，郑大进官任直隶总督。他的家乡山尾村人与邻乡池厝渡人不睦。郑大进赴任直隶总督之前曾回乡省亲，乡亲们找郑大进出面为他们撑腰出气，郑大进说：“强弱之不敌，父老所知也。世有千年池厝渡，而无百年郑大进。奈何修怨以害子孙乎!”两乡人都敬服郑大进为人，从此两个乡村相安无事。有千年池厝渡，无百年郑大进[EB/OL].(2015-05-04)[2018-07-29]. http://www.wutongzi.com/a/295605. html.

一方面与传统文化相契合，对于纠纷的解决来讲是非常有效的。

正是这种灵活的调解形式和地点，为现代调解提供了经验和启示。现代调解继承了传统民间调解的这些优势，而且从更加有利于纠纷当事人的角度考虑去调解，纠纷调解的形式和地点更加灵活具体，以便调解工作的开展。我国相关的法律也做了针对性的规定。例如，《中华人民共和国人民调解法》第十七条规定："当事人可以向人民调解委员会申请调解；人民调解委员会也可以主动调解。当事人一方明确拒绝调解的，不得调解。"第二十条规定："人民调解员根据调解纠纷的需要，在征得当事人的同意后，可以邀请当事人的亲属、邻里、同事等参与调解，也可以邀请具有专门知识、特定经验的人员或者有关社会组织的人员参与调解。"司法部印发的《关于贯彻实施〈中华人民共和国人民调解法〉的意见》第五条规定："健全完善人民调解组织网络。村（居）和企业事业单位人民调解委员会根据需要，可以在自然村、小区、楼院、车间等设立人民调解小组开展调解工作，也可以在机关、单位等场所设立人民调解工作室调解特定的民间纠纷。"《最高人民法院、司法部关于进一步加强人民调解工作切实维护社会稳定的意见》第十二条规定："要充分发挥人民调解便民、利民、亲民和不收费的特点和优势，利用'村头'、'地头'、'炕头'等群众易于接受的方式及时、就地调解矛盾纠纷。"

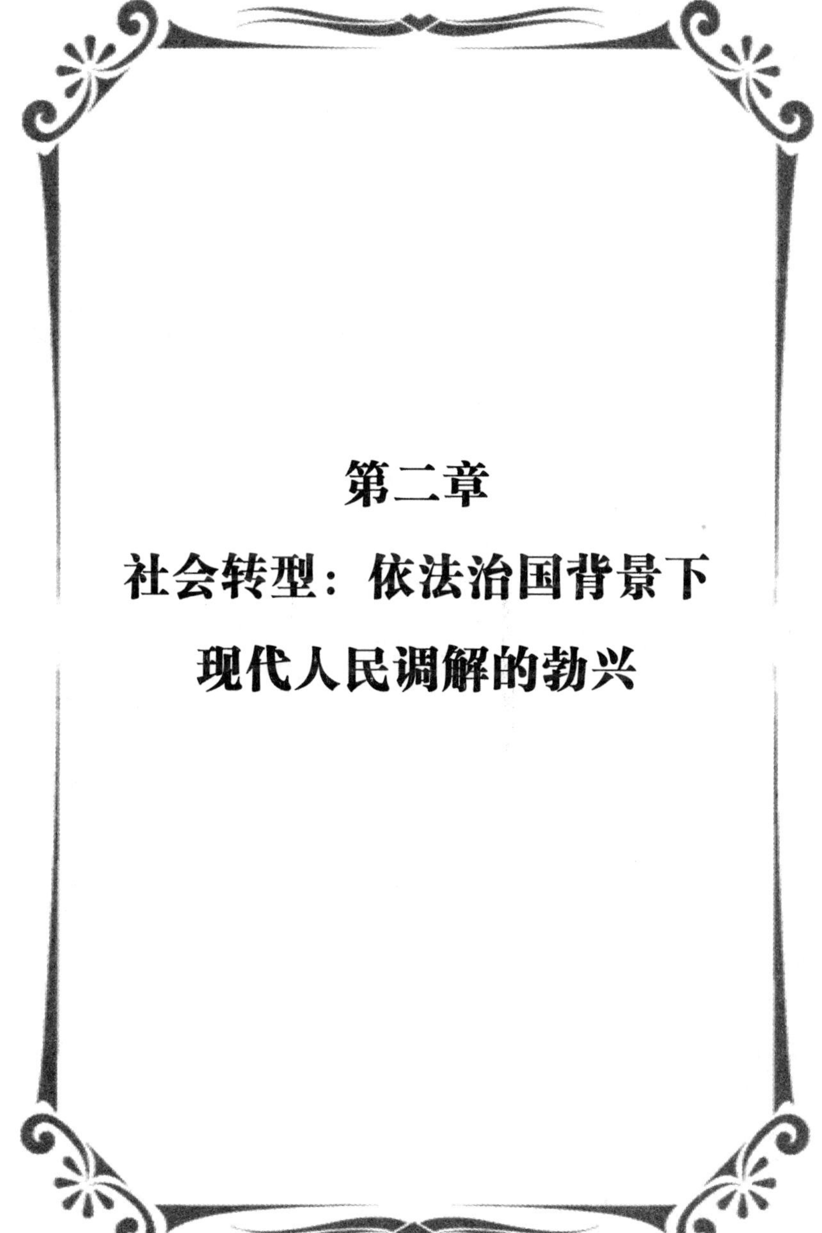

第二章

社会转型：依法治国背景下现代人民调解的勃兴

现代人民调解是在传统民间调解的基础上继承和发展起来的，并且是对传统民间调解的发扬。

现代人民调解从传统的民间调解发展演变而来。一是传统民间调解所具有的“止争息讼”的价值，使得我国一直延续并发挥调解的作用。调解作为一种解决纠纷的途径在我国一直没有中断过，通过中立的第三方调解解决民间纠纷成为我国的一大特色。人民调解就是吸收了历史上的民间调解所具有的“止争息讼”的合理因素。二是到目前为止，调解形式在原有的宗族调解、乡里调解、邻里调解、亲友调解之外，更加注重人民调解、行政调解、司法调解，并主张通过构建大调解格局解决民间纠纷，维护社会稳定。三是人民调解在传统调解的基础上，得到了国家的强力支持，成为目前维护社会稳定的典型的调解形式，被誉为“东方之花”。

人民调解在传统调解的基础上，鲜明体现了人民民主的本质和化解人民内部矛盾的特点，进一步强调通过人民调解组织这种带有群众性、自治性性质的第三方来化解纠纷。一方面，人民调解组织继续保持中立、公正的传统，在众多调解种类中一枝独秀，成为化解民间纠纷的主要力量、核心力量，被党和国家重点支持；另一方面，通过制度化、规范化的建设，我国突出人民调解组织的地位，使人民调解比传统调解更能“止争息讼”，更加充分地发挥人民调解维护社会稳定、增进社会和谐的功能。这主要表现为党和政府不断加强人民调解组织网络建设、拓宽人民调解的领域和范围、加大对人民调解工作的支持力度，使人民调解同时具有民间和官方的双重属性。事实上，也正是由于党和国家的重视，人民调解的发展空间才更加广阔。

当然，现代人民调解的发展并不是一帆风顺的，从革命根据地时期到现代人民调解的勃兴，人民调解呈现出一个起伏的发展趋势。现代人民调解的勃兴，在我国依法治国背景下，还需理性对待。

第一节　依法治国：我国法治建设的理性思考[①]

人类社会通过长期的矛盾运动和不断试错、进化，获取了法治这一相对科学的、正义的、稳定的"社会行动"方式（行为模式），并被人类认为是人类社会所可能发展出的"常态"的、健康的国家形态和社会形态[②]。现代国家几乎都是在社会变迁的进程中，经过启蒙与祛魅，进而对传统社会进行解构，以法治化的社会进路逐步实现对社会的重构。法治构成了现代政府权力运作的外壳，规约了政府权力和公民权利的深度与广度[③]。在没有其他值得作为人类更加推崇的社会模式出现之前，法治、法治化作为社会进化的最优秀的文明成果之一，已经成为一种知识性、实践性的共识。

我国作为一个后发国家，自鸦片战争以来，就一直探寻着法治国家的发展道路，并最终以中华人民共和国成立初期的非稳定政治形态为经验总结、以 1978 年肇始的改革开放为转机，经过 1997 年党的十五大"依法治国"的政治确认和 1999 年我国"建设社会主义法治国家"的宪法确认，走上了一条以法治为导向的、政府推进型的、渐进式的法治发展道路。2014 年召开的党的十八届四中全会上通过的《中共中央关于全面推进依法治国若干重大问题的决定》（以下简称《决定》），又为我国的法治建设提供了指引。就目前而言，我国的法治建设并没有取得完全理想的效果——依法而治和实现人的权利的充分保障。因此，究竟如何践行法治，需要我们做进一步思考。由于西方法治化进程具有先发性和引领性，因此我们应当分析西方的法治经验，探索法治的内在规律和理性认识，并在《决定》的指引下设计我国的法治道路。

---

① 本部分曾发表于《法制博览》2017 年第 2 期，原文题目为《西方法治的经验逻辑与我国法治建设的路径——基于推进依法治国的思考》。原文有修改。

② 陈步雷. 法治化变迁的经验与逻辑：目标、路径与变迁模型研究［M］. 北京：法律出版社，2009：21-22.

③ 潘伟杰. 法治与现代国家的成长［M］. 北京：法律出版社，2009：41.

一、西方法治的经验

缘起古希腊时期，经由古罗马时期的发展和中世纪的传承，再到近代资产阶级的更新，法治在西方走过了漫长的历史道路。这既有法治的实践，也有法治思想的知识性贡献。

（一）西方法治的实践：法治历程掠影

古希腊是西方文明的发源地，人类古代社会的法治也是以古希腊（雅典）为代表的。古希腊的法治是经由长期的一系列政治制度改革完成的，即历经梭伦改革、克里斯提尼改革、厄斐阿尔忒斯改革、伯里克利改革，雅典的民主政治达到了全盛时期，形成了由公民大会、附属于公民大会的议事会和各级权力执行部门（行政、司法、军事部门）组成的政体以及由公民多数人的意志支配公共权力的民主运行机制[①]。以讨论、争论、辩论为主要方式的民主参与机制，活动的公开性，政治平等，法律面前人人平等成为雅典城邦的特征[②]。

古罗马的法治成就形成于共和国时期[③]。但这之前的君主政体时代，已经存在上等公民的元老院或议事会以及所有公民都可参加的公民大会[④]。到了公元前 6 世纪后期，当时的宪法确立了古罗马共和国的主要机构是元老院、各种行政官（执政官、副执政、财务官、保民官等）和公民大会。古罗马政府体系的这种构成分别代表了贵族因素、君主因素和民主因素，三者都是平等、和谐、平衡的，每一部分的权力不是牵制其他部门就是相

---

① 施治生，郭方．古代民主与共和制度［M］．北京：中国社会科学出版社，2007：140-141.

② 韦尔南．希腊思想的起源［M］．秦海鹰，译．北京：生活·读书·新知三联书店，1996：37-54.

③ 陈步雷．法治化变迁的经验与逻辑：目标、路径与变迁模型研究［M］．北京：法律出版社，2009：184.

④ 戈登．控制国家：从古雅典至今的宪政史［M］．应奇，等译．南京：江苏人民出版社，2008：96.

互合作，形成了防止其中任何一个部门具有支配地位的一系列相互制衡的机制[①]。

西罗马帝国灭亡后的大约 1 000 年间——欧洲中世纪时期，欧洲在纷繁复杂的斗争中发展成为一个教皇、国王、主教、贵族及骑士领地以及自治城市和城市同盟、城市共和国、地方自治联邦等政治体制和政治力量无所不包的大竞技场[②]。在这一时期，日耳曼人部落民主遗风使得日耳曼王国封建制度带有尊重法律与共同协商的传统。法律被视为一种无所不在的手段，它渗入并控制了人与人之间的各种关系，其中包括臣民和领袖之间的关系[③]。康斯坦茨大公会议则形成了宗教议会至上主义的传统，否定了教皇的至上权威，形成了宗教性的法治。中世纪后期的城市自治运动建立的城市共和国，更体现了现代法治的特征。

肇始于 17~18 世纪的资产阶级革命，在摧毁了封建制度后，通过对封建专制的反思和人权的思考，纷纷建立了自由民主的现代法治国家。历经几百年，西方基本完成了现代社会和法治社会的建构，通过分权原则、普选制度、违宪审查制度等确保制约公权力，保障个人权利不受国家权力的侵害。

（二）西方法治进程中的知识性贡献：不同历史时期的西方法治思想

早在公元前 7 世纪到公元前 6 世纪，被称作古希腊七贤之一的必达库斯就曾提出过“人治不如法治”的主张[④]。作为一种管理和统治国家的方法或方略，主张民主制的古希腊人通常是把法治放在与人治相对立的地位来讨论的[⑤]。作为古希腊法治思想主要代表人物的柏拉图先是主张贤人政治，后又倾向法治。亚里士多德更提出“法治优于一人之治”。他认为：“法治应该包含两重意义：已成立的法律获得普遍的服从，而大家所服从

---

① 戈登. 控制国家：从古雅典至今的宪政史［M］. 应奇，等译. 南京：江苏人民出版社，2008：117-119.

② 施治生，郭方. 古代民主与共和制度［M］. 北京：中国社会科学出版社，2007：278.

③ 李林. 法制与宪政的变迁［M］. 北京：中国社会科学出版社，2005：4.

④ 亚里士多德. 政治学［M］. 吴寿彭，译. 北京：商务印书馆，1965：142.

⑤ 李林. 法制与宪政的变迁［M］. 北京：中国社会科学出版社，2005：2.

的法律又应该是本身制订的良好的法律。”[①] 古罗马的法治思想则“寄生”于古希腊的法治思想中。西塞罗就在《论法律》一书中提出国家的一切权力都依照法律行使，认为“官员是说话的法律，法律是不说话的官员”[②]。相对于古希腊以思辨的方式审视法治，古罗马更注重于将法治理念落实于制度和行动中。

欧洲中世纪也形成了权力服从法律等法治理念。奥古斯丁认为，上帝渐次地通过永恒法、自然法和人为法的统治而实现宇宙的和平与秩序。阿奎那也在奥古斯丁等人开辟的宗教法治主义传统中进行了系统拓展，创设出更为宏大的神权主义法治世界的理论图景。阿奎那也还提出了法律效力位阶递减的四类型说——永恒法、自然法、神法和人法，构造起渊源于上帝理性的宇宙法治秩序[③]。

西方进入近代社会以后，启蒙思想家在对抗教会和反抗封建专制的过程中对法治进行了深层次的思考。哈林顿在其代表作《大洋国》中提出了“以自由为最高价值准则、以法律为绝对统治”的法治共和国的构想。洛克通过批判君权神授、论证资产阶级议会制，把自由和权力的有机平衡作为法治的表征和目标，把维护个人的自由权利作为法治的奠基石。孟德斯鸠提出了“三权分立”的政治体制架构[④]。随着资本主义制度的确立，西方的法学领域不断丰富和完善法治理论，并达成了一些共识：法律拥有至高无上的权威，从而防止滥用政治权力；通过保护个人权利的要求确保个人优先；通过实行“法律面前人人平等”确保普遍性原则优先于特殊性原则[⑤]。

二、西方法治的理性逻辑

西方法治的推进是法治思想和法治实践相互促进的结果。这种法治的

---

① 亚里士多德．政治学［M］．吴寿彭，译．北京：商务印书馆，1965：167-199.

② 西塞罗．论共和国 论法律［M］．王焕生，译．北京：中国政法大学出版社，1997：255.

③ 黄基泉．西方宪政思想史略［M］．济南：山东人民出版社，2004：66-75.

④ 丁以升．法治问题研究［M］．上海：上海交通大学出版社，2006：7-9.

⑤ 李林．法制与宪政的变迁［M］．北京：中国社会科学出版社，2005：14.

历史不但为我们展示了丰富的法治世界，更为我们凝结出法治的内在逻辑。

（一）自由和平等是西方法治生成与发展的元规则

法治之所以能够在西方国家生成和发展，在于西方国家的存在本身蕴含着对自由和平等的理性追求，并在长期的社会发展进程中最终培育出了自由和平等的观念。

应当说，是古希腊的地理环境造就了西方国家自由和平等的观念。古希腊人采取的是一种海上生活方式。基于生存的需要，共同对抗大自然（大海）也就成为古希腊人的选择。通过人与大自然的不断对抗，人们之间就不断产生和增强平等意识。因此，海上生活方式催生了古希腊人的自由和平等的观念（精神），进而造就了古希腊城邦文明的辉煌。古希腊的城邦政治“基本上是民主政治，它的基础是建立在氏族、胞族、部落这些自治团体上的，并且是建立在自由、平等、博爱的原则上的”[①]。应当说，如果没有自由和平等的观念，古希腊国家就不会有民主政体。近代西方资产阶级在反对封建专制的过程中，也基于封建专制对人的抑制，提出并确立了“自由、平等、博爱”的资产阶级思想，并以此作为反对封建专制的武器。

可见，在西方社会看来，自由和平等应当成为人类理性与生活法则的最低要求。只有自由和平等，才能保证人的独立性、平等性。一方面，独立性实现了人们之间的相互确认和尊重，基本人权的观念得以生成；另一方面，平等性排除了人身依附关系，否定了专制和权威的思想，使民主的观念得以确立。最终，二者结合形成了人的多元性。这意味着没有任何一种力量可以超越其他力量，社会发展的状态应该是妥协和合作。这也就为排除专制和限权奠定了基础。可以说，自由和平等观念是西方法治社会生成与发展的元规则。也只有在自由和平等的观念下，才会催生民主、市场经济、权力的多元等这些法治生成的要素，并进而使“保障公民权利、限

---

① 路易斯·亨利·摩尔根. 古代社会（上册）［M］. 杨东莼，等译. 北京：商务印书馆，1997：247.

制政府权力”成为法治的核心精神，使法治得到了人类的推崇并具有了普世价值。

（二）自然正义是西方法治的理论基础

如果说自由和平等观念是西方法治生成与发展的元规则，最终使“保障公民权利、限制政府权力”成为法治的核心精神，并得到人类的推崇，那么人们对自然正义的追求就是法治生成和发展的理论基础。

基于人的认识能力，人类早期对自然界具有依附性。面对强大的不为人所征服的自然规律，人对此无能为力[①]，人类需要借助神的信仰来保证人类的幸福。在当时来讲，借助神的信仰是一种自然选择。但人类信仰的神并没有遵循自然规则造福人类，反而是试图成为自然的主宰，这就使世界处于不稳和无序状态，从而引起了思想家们的不满和批判。于是为了摆脱神话世界观的这种困境，泰勒斯、阿那克西曼德、阿那克西美尼、赫拉克利特、德谟克利特等自然主义者通过对自然秩序的理性探讨，提出了自然公正的观念。这种自然主义的自然公正观念把正义理解为对法律与习俗的遵循[②]。

人们根据对大自然的理解，强调自然法是反映自然存在的秩序的法，是法律和正义的基础[③]。这种自然公正观念的自然法思想产生的直接诱因是基于社会表现出来的自然与法律、习俗的冲突，而对人类社会的法律、规则和秩序进行评判的一种选择[④]。自然法思想在西方国家不同阶段不断演进的实践表明：正义是人类遵循的最高理念。

特别是资本主义国家建立后，西方国家以宪法的形式对人的尊严和诸多权利进行了确认，并以“一切人生而平等，人们对于财产、自由以及生命享有自然权利”的世俗“自然法”思想为指导，形成了以“人文精神”为根本，以平等、自由、私权神圣为核心的，践行于社会的法治理念。

---

① 徐爱国. 破解法学之谜：西方法律思想和法学流派［M］. 北京：学苑出版社，2001：16.

② 申建林. 自然法理论的演进——西方主流人权观探源［M］. 北京：社会科学文献出版社，2005：19-26.

③ 何勤华，严存生. 西方法理学史［M］. 北京：清华大学出版社，2008：11.

④ 申建林. 自然法理论的演进——西方主流人权观探源［M］. 北京：社会科学文献出版社，2005：26-27.

（三）法治模式具有多样性、法治精神具有恒定性

西方国家的法治实践表明，法治并不是一种可以定量化约为三权分立、人权保障、自由平等、法律至上等形式要件的运行机制，而是一种具有权力制约、权利多元和理性自由取向的复杂的秩序状态与生活方式，是一种多样、平衡、动态化、“未完成”的发展过程①。法治的外在表现具有多样性。由于各国在社会结构、文化根基、历史条件等方面存在着显著的差异，各国在法治模式的选择上也会有所不同。有学者曾把现代国家的法治实践划分为英国法治模式、美国法治模式、法国法治模式、德国法治模式、日本法治模式、苏联法治模式和东亚法治模式、非洲法治模式、拉丁美洲法治模式等②。这表明，各国需要结合本国的国情，来选择一条适合本国法治发展的道路。

不过，虽然法治模式具有多样性，但法治精神却具有恒定性：治者与被治者要受法律的同等约束，被治者平等的基本权利和自由能够得到保障③。法治的最终目标是实现人的全面发展。这已成为法治恒定的核心精神和底线原则。法治不断发展的过程，就是不断演绎着通过遵循法律至上的原则限制政府的权力，避免政府权力的滥用，同时通过保障公民的自由和权利最终促进人的全面发展的过程。

三、我国进行法治建设的路径选择

我国的法治建设必须要具有自己的特色。正如《决定》所指出的：“坚持从中国实际出发……汲取中华法律文化精华，借鉴国外法治有益经验，但决不照搬外国法治理念和模式。”

（一）遵循法治内在的核心精神、贯彻法治的底线原则进行法治建设

如前所述，尽管各国法治建设呈现出多样化态势，但不管法治的外在形态如何变化，法治内在的核心精神和贯彻法治的底线原则则是践行法治

---

① 马长山. 法治的平衡取向与渐进主义法治道路［J］. 法学研究，2008（4）：3-27.

② 夏新华. 法治：实践与超越——借鉴域外法律文化研究［M］. 北京：中国政法大学出版社，2004：49.

③ 马长山. 法治的平衡取向与渐进主义法治道路［J］. 法学研究，2008（4）：3-27.

的国家共同追求的。我国的法治建设也不例外，甚至要更加积极推进。

我国深化改革所带来的巨大变化中，包含了我国公民权利意识的觉醒。我国公民权利意识的觉醒意味着我国公民的权利诉求不断增多，从而造成一定范围内的社会问题突出、社会矛盾凸显。解决这些社会问题、社会矛盾的一个基本思路就是要通过我国的法治建设，使法治核心精神得到遵循、法治底线原则得到贯彻，进而“把权力关进制度的笼子里”和切实加强保障公民的合法权益。这就需要我国在中国共产党的领导下通过政治体制改革约束政府的权力，以法律的形式使公权和私权得到合理配置，使公权的范围和行使以保障国家安全、服务社会和公民为主，不能随意扩大，并相应地使私权得到彰显。

要实现这一结果，就需要我们树立社会主义法治理念。因为法治是按照其意义必然服务于法治理念之物。没有法治理念，法治建设就缺乏理论基础和主导价值观，难以把握正确的方向、遵循科学的道路，难以向广度和深度推进，法治的终极目标也就难以实现[①]。树立社会主义法治理念，就意味着在党的领导下，要依法治国、执法为民、追求公平正义。唯有在这样的理念指导下，才真正能够通过政治体制改革，以法律的形式使公权和私权得到合理配置，使法治建设符合法治核心精神和法治底线原则，最终实现尊重和保障公民的生存权、发展权，公民的政治、经济、社会、文化权利等基本人权的目标。

(二) 顺应人的全面发展的内涵要求，结合我国国情，进行社会发展导向的生态法治建设

首先，我国要顺应人的全面发展的内涵要求进行法治建设的设计。人的社会存在价值在于不断使自身获得发展，马克思的人学理论就是强调人的解放和人的全面发展，即“人以一种全面的方式，也就是说，作为一个完整的人，占有自己的全面的本质”[②]。人类之所以选择法治，本质上就是

① 中共中央政法委员会. 社会主义法治理念读本［M］. 北京：中国长安出版社，2009：4.

② 马克思，恩格斯. 马克思恩格斯全集：42卷［M］. 北京：人民出版社，1979：123.

想通过法治保障人的全面发展。因此，法治建设的核心应该是考虑如何促进人的全面发展，法治建设的设计应该顺应人的全面发展的内涵要求。不过，我们需要清醒地认识到，人的全面发展只是一个相对的概念，人的全面发展并不是人类中心主义。因此，我们不能借口人的全面发展就放纵人的行为，这只会造成人类的灾难。事实上，西方国家最初选择的法治建设路径就是人类中心主义的法治建设路径。结果，西方国家在通过法治建设促进人类进步的同时，也造成了人性的扭曲，导致人贪婪成性、相互争斗，特别是通过对大自然的掠夺使人类面临诸多危机。因此，人的全面发展必须与自然、与社会同生共荣。也就是说，人的全面发展不是强调人类中心主义让人过分张扬，而是要在人、社会、自然同构状态下谋求全面发展，是一种受到约束的理性自由。

其次，我国必须结合我国国情，进行“法德并重”和“诉调并重”的法治建设。法治建设的多样化表明，任何一个国家的法治建设不能一味只追求他国的普世法治观而否定本国的优良传统和国情，这样只会使本国家丧失自我。正如亨廷顿所提到的那样：“一些国家的领导人有时企图摒弃本国的文化遗产，使自己国家的认同从一种文明转向另一种文明。然而迄今为止，他们非但没有成功，反而使自己的国家成为精神分裂的无所适从的国家。”① 因此，任何一个国家都需要在对法治精神形成共识的基础上，汲取本国传统历史文化中的优秀成果，结合本国的国情进行法治建设。就目前而言，结合我国国情的法治建设就是要通过一种向善的道德教化，进行以道德为辅的法治建设。正如《决定》所强调的“坚持依法治国和以德治国相结合”。因此，法治建设不能忽视道德建设，法治建设必须以道德建设为辅，通过人的道德提升反过来促进人们自觉践行法治，并通过道德提升促进人的全面发展。

同时，结合我国国情的法治建设还表明，我国必须重视人民调解在我

① 亨廷顿．文明的冲突与世界秩序的重建［M］．周琪，等译．北京：新华出版社，2009：281.

国纠纷解决机制中的重要作用，建立“诉调并重”的多元化纠纷解决机制。人民调解是我国具有深厚中华民族传统文化和浓厚东方特色的法律制度、非诉讼化纠纷解决方式，更是我国目前在经济体制深刻改革、社会结构深刻变动、利益格局深刻调整、思想观念深刻变化的新形势下化解矛盾纠纷的正确选择。人民调解勃兴的实践证明，人民调解在基层筑起了一道化解纠纷、缓解矛盾、预防犯罪的坚固防线，人民调解应当作为与诉讼同等重要的纠纷解决方式。基于此，我国的依法治国建设在纠纷解决机制方面应是“诉调并重”的多元化纠纷解决机制。正因为如此，我国出台了《中华人民共和国人民调解法》，充分肯定了人民调解的法律地位。《决定》提出“健全社会矛盾纠纷预防化解机制，完善调解、仲裁、行政裁决、行政复议、诉讼等有机衔接、相互协调的多元化纠纷解决机制……”更是表明了人民调解制度的健全和完善是我国依法治国的重要组成部分。

最后，我国应走社会发展导向的生态法治道路。社会发展导向的法治道路在于法治建设要以促进社会可持续发展为根本。促进社会可持续发展本质上是强调人、社会、自然同构状态下的人的全面发展。这表明，社会发展导向的法治道路建设是把人、社会、自然看成一个整体的整体主义的生态法治道路建设，而不是只强调某一方面的发展。整体主义的生态法治建设，意味着法律设计不能只以人为中心，要考虑人域、人际、国际、代际的同构与和谐。整体主义的生态法治建设决定了我们要对法治建设用发展的眼光来审视。基于此，我国的法治道路就要通过法律的合理设计，不断尊重和保障并丰富和发展公民的基本人权，不断促进人与社会、自然的共生共荣，在推进社会发展的基础上实现人的全面发展。

（三）坚持人民主体地位，进行政治宪政主义路线的理性设计

政治宪政主义与司法宪政主义被认为是宪政主义在理论以及制度实践中两种基本的模式或路径①。

① 高全喜. 从非常政治到日常政治：论现时代的政法及其他［M］. 北京：中国法制出版社，2009：10.

我国的国体决定了我国必须维护人民代表大会制度，充分体现人民当家作主。这样人民主权决定的我国宪政结构只能是政治宪政主义，而不能是司法宪政主义。为此，《决定》明确指出，依法治国必须要坚持人民主体地位。

作为政治宪政主义国家，就是要充分发挥人民代表大会的立法、监督功能，保证人民当家作主的权利。

首先，人民代表大会要通过科学立法，结合我国的国情及客观规律，合理地分配权利，严格地界定义务，特别是以服务型政府的理念规定政府的权力及权力行使的规则，保证公民的权利不被政府损害。

其次，人民代表大会要通过民主立法，保证进一步扩大公众参与立法，保证不同的利益主体都参与到与其利益休戚相关的法律的制定中来，从而使法律呈现良法状态和保障私权的状态。

最后，人民代表大会要真正履行监督的职能，真正使公权的行使正当，使民主制度实现。

当然，这里涉及的只是实现政治宪政主义的宏观设计，政治宪政主义的真正实现，还依赖于更加具体的制度设计，而这需要依赖于人们的智慧逐步实现。

最后需要明确的是，我国的法治建设始终要坚持中国共产党的领导。我国的历史已经证明了，中国共产党在中国特色社会主义国家的各项建设过程中是谁也不能替代的。特别是在我国处于全面转型的关键时期，更需要中国共产党领导全国人民促进国家治理体系和治理能力现代化，建设社会主义法治国家。正如《决定》指出的：“坚持党的领导，是社会主义法治的根本要求，是党和国家的根本所在、命脉所在，是全国各族人民的利益所系、幸福所系，是全面推进依法治国的题中应有之义。”

第二节　现代调解的历史演变：确立、发展、弱化与法治下的勃兴

基于我国乡土社会、自然经济的社会背景，加上深受传统民间调解的影响，从第一次国内革命战争一直到解放战争时期，调解仍然是反映当时社会经济状况的必然选择，并且基于人民民主政权体现了化解人民内部矛盾的人民性特色，从而为现代人民调解奠定了法律基础和实践基础。其具体表现在：早在 20 世纪 20 年代，在农民运动初期就规定了要由成立的农民协会、农会等组织解决会员之间的纠纷。随着工农运动发展起来后，有关省份设立的 2 万多个农会中都设有调解组织。基于革命根据地建立后成立的苏维埃政权也被明确规定担负调解职能。这些都为人民调解制度的产生和确立提供了宝贵经验。20 世纪 30 年代末，为了减轻人民诉累，加强人民内部团结，巩固抗日民族统一战线，各抗日民主政府更是大力提倡和扶持人民调解工作，并相继出台了人民调解的条例和指示，如《山东省调解委员会暂行组织条例》《晋西北村调解暂行办法》等。进入解放战争时期，调解工作进一步制度化和法律化，调解的组织、形式、程序有了进一步的充实和完善，而且调解工作由农村向城市发展。

中华人民共和国成立后，我国在坚持对传统调解的传承的基础上，继续延续中华人民共和国成立前的人民调解的好的经验做法。但关于人民调解的政策和态度却随着社会的发展而不断变化。纵观现代人民调解的发展历程，可以分为三个阶段：第一个阶段为中华人民共和国成立到 20 世纪 70 年代末的改革开放；第二个阶段为改革开放到 20 世纪 90 年代末 21 世纪初；第三个阶段为 21 世纪初至今。

一、人民调解制度的确立和曲折发展

自中华人民共和国成立到 20 世纪 70 年代末的十一届三中全会，是人民调解制度的确立和曲折发展时期。

中华人民共和国的成立，标志着中国进入了一个新的历史的时期。这个时期，我国处于旧的司法制度被废除而新的司法制度还没有完全确立的时期。就法律层面而言，虽然1949年9月中国人民政治协商会议通过的起临时宪法作用的《共同纲领》和《中华人民共和国中央人民政府组织法》可以说是为中华人民共和国成立初期的法律制度建设奠定了基础，但我国仍然缺乏完善的法律体系。作为我国第一部法律的1950年《中华人民共和国婚姻法》和作为我国第一部宪法的1954年《中华人民共和国宪法》可以说是当时主要的法律表现形式。我国在1954年出台第一部宪法的同时虽然也出台了《中华人民共和国全国人民代表大会组织法》《中华人民共和国国务院组织法》《中华人民共和国人民法院组织法》《中华人民共和国人民检察院组织法》《中华人民共和国地方各级人民代表大会和地方各级人民委员会组织法》，但刑法、民法、诉讼法等主要的基本法律还没有出台。当时司法机关的办事原则是有纲领、法律、命令、条例、决议规定的，按照纲领、法律、命令、条例、决议的规定，没有纲领、法律、命令、条例、决议规定的，按照新民主主义政策的规定。就司法机构而言，尽管《共同纲领》和《中华人民共和国中央人民政府组织法》确立了司法的基本原则并相继建立和形成了司法机构体系，随后一系列的规章制度也确立了司法工作体系和司法制度体系，如中华人民共和国政务院于1950年7月通过的《人民法庭组织通则》、1950年9月通过的《中华人民共和国政务院关于加强人民司法工作的指示》，但总体而言，中华人民共和国成立初期人民法庭的建立主要是适应镇压反革命和保护土地改革的需要，并没有按照司法职能的内在要求实现司法的功能。在司法人员方面，不管是中华人民共和国成立初期留用的旧司法人员，还是通过司法改革运动补充的司法人员，受当时特定环境的影响，普遍缺乏正确的法律观念，思想比较混乱，难以适应人民民主法律制度建设的需要。尽管随着司法改革运动的开展，司法制度逐步健全，司法人员逐步在思想上、政治上、组织上、作风上得到洗礼，并且基于国家高级领导人对法治建设重要性的认识，党的八大提出了完备国家法律制度、依法办事的思想。

在司法功能缺失的背景下，发挥人民调解的治理功能，不仅仅是对传统民间调解的传承，更是适应人民民主政权倡导的“民本价值观”和解决人民内部矛盾的现实需要。正是人民调解所具备的治理功能，使人民调解成为我国从中华人民共和国成立初期到改革开放前的重要的矛盾纠纷解决方式。

人民调解制度的确立标志是1954年出台的《人民调解委员会暂行组织通则》。结合革命时期的调解经验、立法和中华人民共和国成立后人民调解的新经验，中央人民政府于1954年出台了《人民调解委员会暂行组织通则》。该通则以法律的形式确定了人民调解委员会的性质、任务、组织、活动原则、工作制度和工作方法，在全国范围内统一了人民调解制度。该通则出台后，人民调解工作迅猛发展，各地人民政府和各级人民法院在全国范围内有组织、有领导、有步骤地大规模开展人民调解组织的建设活动。到1955年年底，全国有70%的乡镇、街道建立了17.04万个人民调解委员会，调解队伍发展到上百万人，调解平息了大量的民间纠纷①。

但人民调解的发展过程却是曲折的。农业合作化运动兴起后，《光明日报》在1956年曾出现过要求废除人民调解委员会的言论。1957年下半年，人民调解又被称为“阶级调和论”的批判对象，不少地方的人民调解委员会改为调处委员会，甚至又将其同基层治保组织合并，成为基层行政控制的工具，一度产生过相当严重的脱离群众、强迫命令乃至违法乱纪的现象②。为保障调解工作，国家有关领导人积极回应。1957年，刘少奇指出：“人民调解委员会是政法工作建设的第一道防线，必须强调。”③ 时任最高人民法院院长的董必武在同年7月2日的最高人民法院工作报告中也指出：“在合作社内部也存在着不少矛盾……对于这些问题的处理，必须采取慎重态度，分别不同情况，除对那些真正构成犯罪行为的，必须予以法律制裁外，一般应该是采取说服教育的办法来解决”“村与村、社与社

① 广东省司法厅. 人民调解教程［M］. 广州：广东人民出版社，2008：27.

② 徐胜萍. 人民调解制度研究［M］. 北京：北京师范大学出版社，2016：64-65.

③ 洪冬英. 当代中国调解制度的变迁研究［D］. 上海：华东政法大学，2007：67.

发生的争夺湖草、柴山、荒地等打闹事件，都不是不可调和的矛盾。……应当从加强团结、有利生产的目的出发，遵照政策法律的规定，对可以调解解决的案件，尽可能采取调解的办法来解决”“各地基层政权早经设置的人民调解委员会（有的称为人民调处委员会）是处理人民内部一般纠纷的良好的组织形式……目前，某些地方认为农业合作化以后，人民调解委员会可有可无了，这是完全不对的”①。随后，在同年 7 月 4 日，司法部出台了《关于加强人民调解委员会的工作通知》，强调了人民调解委员会和人民调解工作的重要性、必要性。同年 9 月，邓小平在党的八届三中全会报告中强调设立人民调解组织。

由于当时的人民调解委员会处理农业集体化背景下发生的土地、山林、水利、劳动以及家畜等纠纷的能力不足，甚至有的人民调解组织被民政委员会合并，人民调解组织被旁置。特别是 1957 年后人民调解组织遭到冲击。人民调解制度被当做“阶级调和”的修正主义产物并被完全取消。绝大多数人民调解组织和队伍被解散，只剩下极小部分基层自治组织较好的地方保持着自发的一些人民调解活动②。

二、强诉讼、弱调解时期

从党的十一届三中全会召开到 20 世纪 90 年代末 21 世纪初，我国对社会纠纷的解决处于强诉讼、弱调解时期。

我国深刻认识到法律制度的重要性。1978 年 12 月 22 日通过的十一届三中全会公报提出了“为了保障人民民主，必须加强社会主义法制，使民主制度化、法律化……做到有法可依，有法必依，执法必严，违法必究。”党的十一届三中全会成为我国政治生活健康发展的转折点，这实际上也是我国法治建设的转折点。在一定意义上，我国进入了法治建设时期。

---

① 董必武. 关于最高人民法院工作的报告[R/OL].(2000-12-23)[2018-08-08].http://www.npc.gov.cn/wx2l/gongbao/2000-12/23/content_5838422.htm.

② 彭芙蓉，冯学智. 反思与重构：人民调解制度研究 [M]. 北京：中国政法大学出版社，2013：46-47.

加强社会主义法律制度建设的要求也促使人民调解制度得到恢复和发展。1980 年 1 月，全国人民代表大会常务委员会重新批准公布了《人民调解委员会暂行组织通则》，国务院的法规、批示多次强调加强人民调解工作。1982 年通过的《中华人民共和国宪法》则从宪法层面对人民调解委员会作出了明确规定，即"城市和农村按居民居住地区设立的居民委员会或者村民委员会是基层群众性自治组织……居民委员会、村民委员会设人民调解、治安保卫、公共卫生等委员会。"《中华人民共和国居民委员会组织法》和《中华人民共和国村民委员会组织法》都把调解民间纠纷作为其任务之一，调解员由居民委员会、村民委员会成员兼任。《人民调解委员会组织条例》的出台更是人民调解制度发展史上的重要里程碑。1989 年，国务院出台《人民调解委员会组织条例》，明确规定了人民调解委员会的性质、任务，对人民调解组织的设置、工作制度、活动原则做了比较详细的规定，提出在全国城乡普遍设立人民调解委员会，调解委员会在基层人民政府和基层人民法院的指导下开展工作。上述规定确立了人民调解的法律地位，逐步实现了人民调解的法律化、系统化，促进了人民调解的完善和发展，使人民调解工作进入了一个新的历史阶段。截至 1990 年年底，全国的人民调解委员会已达到 102 万多个，调解工作人员达 625 万多人①。

但与此同时，伴随着人民调解发展的是对我国治国政策的调整，即我国开始重视法律制度建设。党的十一届三中全会提出必须加强社会主义法律制度建设。在我国当时的历史条件下，由于没有法治理论的指导，加强社会主义法律制度建设强调的是法律体系和司法制度的建设。在这一思想的指导下，特别是由于我国法律的空白，我国法律制度建设的首要表现为法律体系的完善。1978—1992 年，全国人民代表大会及其常务委员会制定重要法律 230 多部，并且推崇诉讼至上，强调法院解决纠纷的审判功能，即推行的是以审判为中心的司法制度。这一理念决定了纠纷主要由法院解决，导致人们出现纠纷主要考虑进行诉讼。各级人民法院在该时期具有突

---

① 广东省司法厅. 人民调解教程［M］. 广州：广东人民出版社，2015：29.

出的地位，并且主导着纠纷的解决。人民调解在解决民间纠纷中的作用被弱化。据统计，1990—2004 年，全国人民调解委员会调解民间纠纷的案件数量下降了 341.08%，而同期全国人民法院民事一审收案件数则上升了 134.43%①。

三、依法治国等因素推动下的人民调解的勃兴

21 世纪以来，在依法治国等因素的推动下，我国处于人民调解的勃兴时期。

以审判为中心的司法制度加强了法院和法律的权威，但在我国法律制度尚需进一步健全、法治精神尚需进一步弘扬的背景下，我国的司法制度仍存在个别纠纷解决的不公正等问题，而以审判为中心的司法制度又导致大量案件集中在法院，审判质量下降，也在一定程度上影响了审判的公平，从而降低了司法权威，导致执行难、涉诉信访等现象严重。

随着我国经济体制改革和政治体制改革的不断深入，我国的社会结构发生了很大变化，我国社会主体呈现出多元化的状态，从而导致利益纷争不断，影响到了社会稳定。这实际上是原有机制难以适应社会改革发展的需要而导致的必然结果，是社会转型过程中不可避免的社会现象。因此，这就需要我们考虑我国的法治建设该如何推进？

事实上，我国在 1999 年宪法修正案中就已明确提出："中华人民共和国实行依法治国，建设社会主义法治国家。"这实际上是对我国法治建设的宪法确认，使我国的法治建设路径进一步明确。建设社会主义法治国家，就需要考虑我国的国情，就需要对党的十一届三中全会以来的法治建设进行反思。就建设社会主义法治国家中的纠纷解决机制而言，如何化解社会矛盾及建立和谐的人际关系这一问题已经不是单纯依靠司法途径就能解决的了。这就需要对建设社会主义法治国家中的纠纷解决机制进行重构。从维护社会稳定的现实需要出发，人民调解的作用已经重新得到发

---

① 徐胜萍. 人民调解制度研究［M］. 北京：北京师范大学出版社，2016：66.

挥，人民调解已经重新得到重视。因此，现实的推动使人民调解在我国推进依法治国的进程中得到进一步支持。这也意味着，在我国依法治国的要素中，与西方国家确立非诉讼纠纷解决机制（ADR）的法治经验一样，我国确立了包括人民调解在内的多元化纠纷解决机制，从而丰富、发展了我国依法治国的内涵。通过调解解决社会纠纷的方式再次受到重视，我国关于依法治国的决定更是对人民调解提出了明确的发展要求。这样从中央到地方，实现了人民调解的勃兴。

在中央层面，相关部门相继通过并出台了人民调解的法律、法规、政策，有关国家领导人也充分肯定了人民调解的做法，从而推动了人民调解的发展。其具体表现在：在法律、法规和政策层面，早在1990年，继国务院于1989年出台《人民调解委员会组织条例》后，司法部就出台了《民间纠纷处理办法》，对人民调解委员会的组织建设、工作范围、调解原则等都做了更为详细的规定。1999年召开的第四次全国调解工作会议提出了“调防结合、以防为主、多种手段、协同作战”的工作原则，同时提出了构建“大调解”格局的目标。2000年，中共中央社会治安综合治理委员会提出了“要高度重视矛盾纠纷排查调处工作”。2002年9月16日出台的《最高人民法院关于审理涉及人民调解协议的民事案件的若干规定》对人民调解协议的性质、效力等做了明确规定，使人民调解的规定更具有可操作性。2002年9月24日出台的《最高人民法院、司法部关于进一步加强新时期人民调解工作的意见》强调充分认识做好新时期人民调解工作的重要性和紧迫性，积极推进新时期人民调解工作的改革与发展，巩固、健全、发展多种形式的人民调解组织，规范人民调解委员会的工作，依法确认人民调解协议的法律效力，努力提高人民调解员的素质，充分发挥人民调解工作在维护社会稳定中的作用，人民法院要切实加强对人民调解委员会的指导，司法行政机关要把指导人民调解委员会的工作作为重要任务抓紧抓实。2002年9月26日，司法部发布了《人民调解工作若干规定》，对人民调解的原则，人民调解委员会的性质、任务、组织建设，纠纷当事人的权利，人民调解员的任职条件、工作期限、纪律，纠纷的受理和调解要求等都做了详细的规定，使人民调解工作进一步具体化。2004 年 2 月 13 日出台的《最高人民法院、司法部关于进一步加强新时期人民调解工作切实维护社会稳定的意见》提出充分认识进一步加强新时期人民调解工作的重要性和紧迫性，充分发挥人民调解组织在化解矛盾纠纷中的作用，严格依法及时审理涉及人民调解协议的案件，切实加强人民调解组织、队伍、制度建设，进一步加强对人民调解工作的指导。2007 年 7 月 9 日出台的《财政部、司法部关于进一步加强人民调解工作经费保障的意见》使人民调解有了经费的保障。2007 年 8 月 23 日出台的《最高人民法院、司法部关于进一步加强新形势下人民调解工作的意见》提出充分认识加强新形势下人民调解工作的重要意义，积极化解矛盾纠纷，认真做好矛盾纠纷预防工作，强化人民调解的法制宣传教育功能，进一步加强人民调解与诉讼程序的衔接配合，积极推进人民调解工作创新，大力推进人民调解法制化、规范化建设，大力加强人民调解组织建设，大力加强人民调解队伍建设，切实保障人民调解经费，进一步加强对人民调解工作的指导。从 2007 年开始，全国人民代表大会及其常务委员会相继出台了《中华人民共和国劳动争议调解仲裁法》(2007 年 12 月 29 日)、《中华人民共和国农村土地承包经营纠纷调解仲裁法》（2009 年 6 月 27 日)、《中华人民共和国人民调解法》(2010 年 8 月 28 日)。特别是《中华人民共和国人民调解法》作为我国第一部专门、系统、全面规定人民调解工作的法律，使人民调解真正具有了法律依据，该法的出台具有重要意义。随后，司法部发布了《司法部关于深入学习宣传贯彻〈中华人民共和国人民调解法〉的通知》，提出了学习好、宣传好、掌握好、实施好《中华人民共和国人民调解法》的要求，做好实施《中华人民共和国人民调解法》的准备工作。2002 年 9 月 28 日，中共中央政治局常委、中央政法委员会书记罗干在全国人民调解工作会议上讲话指出，要加大对民间纠纷的调解力度，使纠纷得到及时化解，努力把可能激化的纠纷降到最低限度[①]。2004 年 2 月 25 日，罗干在全国人民调解工作座谈会上指出，要根据民间纠纷的新情况、新特点，针对突出的难点、热点纠纷开展调解工作，化解改革进程中的利益冲突，做到哪里有民间纠纷，人民调解工作就延伸到哪里，将大量的民间纠纷化解在基层，保证改革和发展的顺利进行[②]。2007 年 7 月 6 日，罗干在全国人民调解工作会议上又提出，要扎扎实实做好人民调解工作，维护社会和谐稳定，不断完善中国特色的人民调解制度；要不断强化人民调解工作化解矛盾纠纷的功能，进一步发挥人民调解工作预防矛盾纠纷的作用，注重发挥人民调解工作的法制宣传教育功能，有效预防和化解矛盾纠纷，维护社会和谐稳定[③]。2013 年 8 月 29 日，中共中央政治局委员、中央政法委书记孟建柱在全国人民调解工作会议上强调，要深入贯彻落实党的十八大和习近平总书记系列重要讲话精神，坚持一切为了群众、一切依靠群众，充分发挥人民调解组织作用，不断提升化解矛盾、服务群众、促进社会和谐稳定的能力和水平，为建设平安中国、全面建成小康社会做出新贡献[④]。

在地方层面，司法行政机关大力推进人民调解工作的开展，从而加强了人民调解的制度建设。其主要表现在：第一，人民调解组织不断完善。在国务院《人民调解委员会组织条例》（1989 年）和司法部《人民调解工作若干规定》（2002 年）关于迅速建立健全各种形式的人民调解组织等相关规定的基础上，我国开始着手巩固和加强村、居人民调解委员会建设，建立健全乡镇、街道人民调解委员会，使乡镇、街道、村、居人民调解委员会的建设得到加强。在全国范围内，几乎所有乡镇、街道、村、居都建立了人民调解委员会，而且多数地方从办公场所到办公设备都得到了改

① 罗干：在全国人民调解工作会议上的讲话[EB/OL].(2002-09-29)[2018-08-16]. https://www.chinacourt.org/article/detail/2002/09/id/13683.shtml.

② 罗干：充分发挥人民调解作用，创造和谐稳定社会环境[EB/OL].(2004-02-26)[2018-08-16]. http://news.sina.com.cn/c/2004-02-26/09551902466s.shtml.

③ 罗干：扎实做好人民调解工作，维护社会和谐稳定[EB/OL].(2007-07-06)[2018-08-16].http://www.china.com.cn/news/txt/2007-07/06/content_8490747.htm.

④ 孟建柱：充分发挥人民调解组织作用[EB/OL].(2013-08-30)[2018-08-16]. http://cpc.people.com.cn/cunguan/n/2013/0830/c64094-22745506.html.

善。《中华人民共和国人民调解法》出台后，司法部在《关于贯彻实施〈中华人民共和国人民调解法〉的意见》中提出健全完善人民调解组织网络。村（居）和企业事业单位人民调解委员会根据需要，可以在自然村、小区、楼院、车间等设立人民调解小组开展调解工作，也可以在机关、单位等场所设立人民调解工作室调解特定的民间纠纷。同时，国家积极与有关行业主管部门、社会团体和其他组织沟通协调，着重加强专业性、行业性人民调解委员会建设。到目前为止，人民调解组织已趋于完善，实现了村（居）人民调解委员会全覆盖，不同地域的符合当地特色的专业性、行业性人民调解组织不断建立。第二，人民调解员的队伍不断壮大。在加强人民调解组织建设的同时，人民调解员队伍的建设也不断得到加强。一是不断充实人民调解员队伍，特别是专职人民调解员的队伍不断壮大。二是不断加强人民调解员的培训。各地都重视组织定期或不定期的人民调解业务的培训、交流，提升人民调解员的调解能力。三是人民调解的领域不断扩大、制度不断创新。在传统邻里、婚姻、家庭、财产等纠纷的基础上，人民调解所面对的纠纷扩大到了侵权、劳动争议、商事、医疗、物业管理、消费者权益等方面。只要是属于民事领域的纠纷，甚至某些轻微刑事问题，不论纠纷当事人是自然人还是法人，不管纠纷是简单纠纷还是群体性、突发性纠纷，都可以纳入调解的范畴。在具体调解制度上，不但包括被动调解，还包括积极主动调解；不但设置独立调解，还推进联合调解、委托调解，建立调解和各种纠纷解决途径的对接机制。律师调解也正在成为一种新的形式并得到推广。

第三节　依法治国对现代人民调解的要求

随着社会的不断发展变化，各类社会矛盾纠纷日益突出且多元化，社会矛盾纠纷的化解渠道也趋于多元化，解决方式不断得到完善。我国的人民调解工作也出现了新的发展态势。

2014 年，党的十八届四中全会审议通过的《中共中央关于全面推进依法治国若干重大问题的决定》第五部分提出要“增强全民法治观念，推进法治社会建设”，包括健全社会矛盾纠纷预防化解机制，完善调解、仲裁、行政裁决、行政复议、诉讼等有机衔接、相互协调的多元化纠纷解决机制。加强行业性、专业性人民调解组织建设，完善人民调解、行政调解、司法调解联动工作体系。《决定》第六部分提出要“加强法治工作队伍建设”，包括发展公证员、基层法律服务工作者、人民调解员队伍。这也表明，《决定》为进一步发挥人民调解的作用，对现代人民调解提出了明确的要求。

一、完善包含调解要素的多元化纠纷解决机制

多元化纠纷解决机制是法治发展的必然结果。西方国家由于诉讼案件剧增而无法承受沉重的诉讼负荷，进而造成审判的迟延，必然造成对司法正义的阻碍。再加上诉讼的高成本，也就不可避免地引发了全球范围的司法改革运动。于是，缘起于美国并在 20 世纪初步发展起来的“ADR”——替代性纠纷解决方式或机制，发展了西方国家的一元诉讼纠纷解决机制的法治理论，多元化纠纷解决机制成为现代法治的重要元素。在尊重司法权威的前提下，包括调解在内的非诉讼纠纷解决机制与诉讼纠纷解决机制呈现互补性，相互协调，共存于现代社会，承担着化解社会冲突的功能。

我国非诉讼纠纷解决机制的选择与西方有着类似的背景。我国是在推进法律制度现代化的过程中形成了审判中心主义的纠纷解决机制，但也因此造成了“诉讼爆炸”“案多人少”的现象，特别是还面临着一些原因造成的司法公信力下降的司法困境。当上述局面遭遇我国因社会转型而形成的矛盾纠纷激增的现实时，寻求非诉讼纠纷解决途径也就成为时代的选择。人民调解本身所具有的优势迎来了人民调解的勃兴，多元化纠纷解决机制逐渐形成。

我国的人民调解在经历了勃兴并发挥着维护社会稳定、构建和谐社会的功能的初始阶段后，社会转型所带来的矛盾纠纷复杂化对人民调解提出

了更高的要求。也就是说，人民调解本身不能应对社会转型所带来的具有复杂性的矛盾纠纷，需要与其他纠纷解决方式进行有机衔接、相互协调，共同应对社会转型所带来的具有复杂性的矛盾纠纷。于是，大调解格局，特别是调解与诉讼的衔接已经成为一种实践模式。但其对全面推进依法治国而言、构建和谐社会的政治理想而言还远远不够。换言之，这种实践模式还不能完全适应全面推进依法治国的要求。为此，《决定》提出健全社会矛盾纠纷预防化解机制，完善调解、仲裁、行政裁决、行政复议、诉讼等有机衔接、相互协调的多元化纠纷解决机制。

多元化纠纷解决机制在全面推进依法治国的进程中并不是彼此孤立的。全面推进依法治国需要多元化纠纷解决方式之间有机衔接、相互协调。不但各种调解之间有机衔接、相互协调，人民调解和诉讼之间有机衔接、相互协调，调解、仲裁、行政裁决、行政复议、诉讼等各种纠纷解决方式之间都应该有机衔接、相互协调，从而构建全面推进依法治国进程中网络状的多元化纠纷解决机制，保证任何社会矛盾纠纷都能得到圆满解决。唯有如此，才符合全面推进依法治国的要求，才能实现和谐社会的政治理想。

二、加强行业性、专业性人民调解组织建设

人民调解的发展和社会的发展是同步进行的。社会发展所引发的纠纷经历了从简单的家事、邻里纠纷向复杂性、专业性、行业性纠纷发展的过程，而这些纠纷又会带有群体性、突发性的特点。因此，人民调解也就发生了从应对简单的家事、邻里纠纷向应对复杂性、专业性、行业性纠纷的转变。简单的家事、邻里纠纷可以通过一般的调解组织来解决，但专业性、行业性纠纷则依赖于专业性强的人民调解员来解决，这就需要通过专业性、行业性人民调解组织的建设来适应这一社会发展的需要。

为全面、高效、及时地化解不同类型的矛盾纠纷，适应人民调解的工作需要，专业性、行业性人民调解组织建设已经成为人民调解组织建设的重点工作。在《中华人民共和国人民调解法》出台后不久，司法部于 2010

年12月出台了《关于贯彻实施〈中华人民共和国人民调解法〉的意见》（以下简称《人民调解法实施意见》）。《人民调解法实施意见》第四条明确规定："积极与有关行业主管部门、社会团体和其他组织沟通协调，着重加强专业性、行业性人民调解委员会建设。"2011年出台的《司法部关于加强行业性专业性人民调解委员会建设的意见》明确指出："大力加强行业性、专业性人民调解委员会建设，及时有效地化解特定行业和专业领域出现的难点、热点矛盾纠纷，对于加强和创新社会管理，维护社会和谐稳定，具有重要意义。"2014年出台的《司法部关于推进公共法律服务体系建设的意见》进一步提出："巩固和规范乡镇（街道）、村（居）人民调解委员会，积极推进行业性、专业性人民调解组织建设。"目前，医患纠纷调解委员会、道路交通事故调解委员会等专业性、行业性人民调解组织已经开始在不同地区得到推广。

三、发展人民调解员队伍

人民调解功能的充分发挥依赖一支素质过硬、业务精通、稳定的人民调解员队伍。在人民调解发展的初期，人民调解员主要以兼职为主。兼职的人民调解员主要是凭借社会经验和权威来解决社会矛盾纠纷，这也能够适应人民调解发展初期社会上存在的简单的民事纠纷。但随着社会矛盾的复杂化、矛盾纠纷的多样化、对纠纷调解要求的规范化，兼职的人民调解员在一定程度上已经不适应人民调解发展的要求了。特别是由于社会矛盾纠纷的种类不断翻新且越来越复杂、越来越多元，公民的法律意识和维权意识也不断提升，人民调解员需要运用专业性的法律知识来应对。越来越多的社会矛盾纠纷也需要人民调解员集中精力来应对。因此，社会现实需求对人民调解员的要求越来越高，单纯依靠兼职人民调解员开展调解工作已远远不能适应新形势下民间纠纷的调解要求了。除了建设专业性、行业性人民调解组织，发展专业性、行业性人民调解员外，对专职人民调解员的需求已日渐凸显。结合我国人民调解的实际情况，建设专兼结合的人民调解员队伍也就成为发展人民调解员队伍的必然要求。目前，全国各地不断通过各种形式招聘专职人民调解员，专职人民调解员的队伍不断发展和壮大。

值得一提的是，专职人民调解员队伍的发展和壮大，离不开对专职人民调解员队伍的保障，特别是身份保障和物质保障。在实践中，不少专职人民调解员由于在身份上和物质上都得不到保障，不能专心于人民调解工作，甚至流动频繁。为此，要发展、壮大一只稳定的人民调解员队伍，必须通过一定的政策和措施，保证人民调解员无后顾之忧，充分发挥专职人民调解员的作用。

四、完善人民调解、行政调解、司法调解联动工作体系

社会转型期、改革深化期所带来的纠纷的专业性、行业性特点，特别是纠纷的群体性、突发性的特点，无一不彰显着现阶段纠纷的复杂程度远不是简单的民事纠纷所能比拟的，也意味着人民调解组织难以应对。

因此，为适应我国社会主义法治建设的需要，更好地维护社会稳定、化解社会矛盾纠纷，国家相关部门尤其是司法行政部门在充分发挥人民调解基础性功效的同时，形成了大调解的工作格局，即在党委、政府的统一领导下，以人民调解为基础，形成了人民调解、行政调解、司法调解等多种调解资源共同参与、相互配合、有机结合的大调解工作机制。这种大调解格局既体现了鲜明的党政驱动的特点，同时也体现了调解机构的综合性，形成了以人民调解为基础和主导的多种调解资源的整合，并通过衔接机制充分发挥调解的功效，达到彻底解决社会矛盾纠纷、维护社会稳定、促进社会和谐的目的。这种大调解格局也强调了以调解为中心的“大”的模式，即强调纠纷解决资源的全面整合，不但把各种优势力量整合到一起，而且把各种调解方式整合成一个系统。当然，不同地方结合各地不同情况采取了大调解的不同做法，形成了不同的大调解模式。2014 年，党的十八届四中全会通过的《决定》进一步提出：“健全社会矛盾纠纷预防化解机制，完善调解、仲裁、行政裁决、行政复议、诉讼等有机衔接、相互协调的多元化纠纷解决机制……完善人民调解、行政调解、司法调解联动工作体系。”可见，这种大调解机制，已经得到国家层面的充分肯定。

第四节　人民调解在我国依法治国进程中的价值判断

毋庸置疑，在当代中国，人民调解已呈现出多样化的发展格局。但同时，人民调解也遭受着与法治理论不相容的质疑。例如，有人认为调解是阻碍人们权利意识增长的障碍，不利于实现法治等。随着我国依法治国的全面推进，如何理性看待人民调解，是关系到人民调解健康发展的重大问题。因此，我们必须正视这一问题。事实上，之所以有人认为人民调解与法治理论不相容，更大程度上是因为其用一种西方的狭隘的法治理论来解释我国的人民调解，这就必然存在解释的误差。因此，这需要我们用一种发展的法治观、文化视角的法治观来解释我国的人民调解制度，形成对人民调解的理性反思。在这样一种解释下，我国的人民调解制度在我国的社会转型期实际上是功不可没的，它作为非诉讼纠纷解决方式或机制中的一种，与西方国家的“ADR”类似，构成了现代法治的重要元素。我国的人民调解制度构成了我国法治发展内涵的重要组成部分，它与其他纠纷解决方式在依法治国进程中各自有着自己的调整范围或领域，有着适合自己调整的社会关系，并在纠纷解决和社会治理方面继续发挥着重要作用。可见人民调解制度在我国全面推进依法治国进程中不可或缺，因此我国在全面推进依法治国的进程中对人民调解进行了规划、提出了要求，而人民调解也仍然会在我国依法治国的进程中占有重要的地位、发挥重要的作用，这正是人民调解的价值所在。

一、人民调解在我国依法治国进程中具有重要地位

在人民调解的曲折发展过程中，人民调解最终以前所未有的规模和速度向前发展，显示出强大的生命力，不仅越来越受到党和政府的充分肯定与高度重视，而且深受人民群众的欢迎和支持。可以说，人民调解之所以显示出强大生命力、得到肯定和重视、受到欢迎和支持，是由人民调解在

我国的政治、社会生活中所具有的地位决定的。这主要体现在以下几个方面：

（一）人民调解的法律地位：人民调解是多元化纠纷解决机制的重要组成部分

多元化纠纷解决机制已成为现代国家法治的重要元素，只不过多元化纠纷解决机制在不同国家有不同的表现形式而已。

人民调解是颇具中国特色的纠纷解决机制之一，它在预防和减少纠纷、化解社会矛盾、维护社会和谐稳定方面发挥了重要作用，因此被国际社会誉为"东方经验""东方之花"。人民调解一直得到我国法律的认可并被赋予了相应的地位。《中华人民共和国宪法》第一百一十一条规定："居民委员会、村民委员会设人民调解、治安保卫、公共卫生等委员会，办理本居住地区的公共事务和公益事业，调解民间纠纷，协助维护社会治安，并且向人民政府反映群众的意见、要求和提出建议。"这一规定使人民调解的地位在国家的根本大法中得到体现。1989 年 6 月，国务院发布施行的《人民调解委员会组织条例》进一步确立了人民调解的法律地位。2002 年 9 月出台的《最高人民法院关于审理涉及人民调解协议的民事案件的若干规定》第一条规定："经人民调解委员会调解达成的、有民事权利义务内容，并由双方当事人签字或者盖章的调解协议，具有民事合同性质。"该规定明确了人民调解协议的性质和法律约束力，增强了人民调解工作的公信力和权威性，促进了人民调解法律制度的进一步完善，在人民调解法律制度发展史上具有里程碑性质的重要意义。2007 年 10 月 28 日修订的《中华人民共和国民事诉讼法》第十六条规定了人民调解的性质、任务、工作原则及其指导与监督程序，进一步明确了人民调解工作在国家基本法律中的地位。2010 年 8 月 28 日出台的《中华人民共和国人民调解法》通过立法程序，使人民调解的法律地位得到了进一步提升。

从依法治国的定位来看，我国体现了与其他法治国家一样的法治思想，即把非诉讼纠纷解决机制纳入法治的轨道上回来。为此，2014 年党的十八届四中全会通过的《决定》确立了"健全社会矛盾纠纷预防化解机制，完善调解、仲裁、行政裁决、行政复议、诉讼等有机衔接、相互协调的多元化纠纷解决机制”的重要内容。这表明，在我国，人民调解与其他调解、仲裁、行政裁决、行政复议、诉讼一起构成了我国依法治国进程中的多元化纠纷解决机制。在我国推进依法治国的进程中，党中央的《决定》鲜明表达了人民调解作为多元化纠纷解决机制的重要组成部分这一重要地位的观念。

（二）人民调解形成了相对完善的法律体系，是社会主义法律体系的重要组成部分

2014 年党的十八届四中全会在《决定》中提出了要形成完备的法律规范体系。也就是说，依法治国离不开完备的法律规范体系，这是依法治国的基础。

《决定》明确人民调解作为依法治国所要求的多元化纠纷解决机制的重要组成部分，这不但是对其法律地位的确立，也意味着法律要对其进行规范。

事实上，基于人民调解的重要性，对于人民调解的法律规范一直是我国人民调解制度得以发展的保障。在 2010 年 8 月 28 日《中华人民共和国人民调解法》通过之前，我国不同的部门一直不断地规范着人民调解制度，形成了有关人民调解的法律、行政法规、司法解释、地方性法规、规章和规范性文件。其中，全国人民代表大会常务委员会分别于 2007 年 12 月 29 日第十届第三十一次会议和 2009 年 6 月 27 日第十一届第九次会议通过了《中华人民共和国劳动争议调解仲裁法》和《中华人民共和国农村土地承包经营纠纷调解仲裁法》两部法律；国务院于 1989 年 5 月 5 日第四十次常务会议通过了《人民调解委员会组织条例》这一行政法规，于 1998 年 6 月 24 日印发了《国务院办公厅关于印发司法部职能配置内设机构和人员编制规定的通知》这一法规性文件；最高人民法院先后出台了《最高人民法院关于审理涉及人民调解协议的民事案件的若干规定》《最高人民法院、司法部关于进一步加强新时期人民调解工作的意见》《最高人民法院、司法部关于进一步加强人民调解工作切实维护社会稳定的意见》《最高人

民法院、司法部关于进一步加强新形势下人民调解工作的意见》等司法解释及规范性文件；司法部等部门出台了《人民调解工作若干规定》《司法部关于印发〈人民调解文书格式〉的通知》《财政部、司法部关于进一步加强人民调解工作经费保障的意见》等规章及规范性文件；地方有关部门也出台了大量的地方性法规、规章及规范性文件，如《珠海经济特区人民调解条例》《武汉市人民调解条例》《四川省人民调解条例》《广东省人民调解委员会组织细则》等。

《中华人民共和国人民调解法》出台之后，司法部立即在 2010 年 9 月 2 日下发了《司法部关于深入学习宣传贯彻〈中华人民共和国人民调解法〉的通知》，地方为贯彻《中华人民共和国人民调解法》以及更好地指导本地的人民调解工作，也相继制定通过了《中华人民共和国人民调解法》的具体实施办法。例如，2016 年 5 月 25 日，广东省第十二届人民代表大会常务委员会第二十六次会议通过了《广东省实施〈中华人民共和国人民调解法〉办法》，并于 2016 年 8 月 1 日起施行。此外，为推进人民调解制度的建设，司法部还先后于 2011 年和 2014 年出台了《司法部关于加强行业性、专业性人民调解委员会建设的意见》《司法部关于推进公共法律服务体系建设的意见》等规范性文件，以此推动专业性、行业性人民调解组织的建设。

以《中华人民共和国人民调解法》为标志和核心，人民调解的法律规范逐步得到了完善，人民调解形成了相对完善的法律体系，并已成为社会主义法律体系的重要组成部分，构成了社会主义法治体系不可缺少的一部分。

（三）人民调解是依法治国进程中社会主义民主政治建设的重要体现

2014 年党的十八届四中全会在《决定》中提出：“坚持人民主体地位的原则。人民是依法治国的主体和力量源泉，人民代表大会制度是保证人民当家作主的根本政治制度。必须坚持法治建设为了人民、依靠人民、造福人民、保护人民，以保障人民根本权益为出发点和落脚点，保证人民依法享有广泛的权利和自由、承担应尽的义务，维护社会公平正义，促进共同富裕。必须保证人民在党的领导下，依照法律规定，通过各种途径和形式管理国家事务，管理经济文化事业，管理社会事务。”

人民调解不但是化解纠纷的途径，更是通过各种途径和形式管理国家事务、管理经济文化事业、管理社会事务的具体表现，是依法治国进程中社会主义民主政治建设的重要体现。

1. 人民调解是社会主义民主政治建设的一项重要内容

人民调解委员会调解矛盾纠纷的活动不但是依照有关法律规定开展的，更是对社会事务的一种群众性自我管理活动。人民调解活动本身是人民行使民主管理权利的体现，是人民当家作主的本质反应。人民调解在解决矛盾纠纷、维护社会稳定时充分体现了依法治国所坚持的人民主体地位。

2. 人民调解是社会主义民主的直接体现

人民调解是通过人民群众自己选举的调解组织来调处发生在人民群众内部的纷争、化解人民内部矛盾的。人民调解通过自我服务来维护公民的合法权益、维系社会的秩序。而且，人民调解也充分表现了纠纷当事人对自己意愿的充分表达。可见，人民调解正是人民群众直接行使民主权利、直接参加国家生活、直接管理社会事务的一种重要表现，是具有中国特色的社会主义民主与法制建设的重要组成部分。

3. 人民调解组织通过充当政府与广大人民群众之间的桥梁和纽带促进了基层社会主义民主制度的建设和发展

人民调解组织通过开展调解工作，特别是通过调解政府和群众之间的纠纷，不但化解了政府和群众之间的纠纷，融洽了干群关系，还通过充当政府与广大人民群众之间的桥梁和纽带，将人民群众的意见、建议等反映给政府，供政府做决策时参考，从而将政府和广大人民群众连接起来，增强了政府和广大人民群众之间的沟通，使政府和广大人民群众在社会生活中相互协调，方向一致，从而大大地促进了基层社会主义民主制度的建设和发展。

（四）人民调解是推进依法治国内涵建设的重要组成部分

全面推进依法治国、建设社会主义法治国家是涉及立法、执法、司法、守法、法律监督等一系列内容建设的系统问题。2014 年党的十八届四中全会在《决定》中除了提出要形成完备的法律规范体系外，还提出了要形成高效的法治实施体系、严密的法治监督体系、有力的法治保障体系，形成完善的党内法规体系，坚持依法治国、依法执政、依法行政共同推进，坚持法治国家、法治政府、法治社会一体建设，实现科学立法、严格执法、公正司法、全民守法，促进国家治理体系和治理能力现代化。

人民调解把法律制度、执法、守法三方面体现于一身，符合全面推进依法治国的内涵要求，是我国社会主义法治建设的重要组成部分。首先，人民调解本身就是一种法律制度，它在我国的法律体系中，特别是在程序法体系中，处于预防纠纷、化解矛盾、防止矛盾纠纷激化的第一线，是《决定》所提出的多元化纠纷解决机制的重要组成部分，是我国法律制度体系中的基础性环节。其次，人民调解组织调解纠纷的过程也是适用法律的过程。人民调解的基本原则先是不违法原则，核心是依法调解。因此，人民调解首先是人民调解组织适用法律解决纠纷的活动。通过这种群众性的司法活动，法律成为广大人民群众手中的武器，司法机关有了广泛的群众基础，法律在基层得以贯彻实施。最后，人民调解组织通过开展调解工作，宣传国家法律、法规、规章和政策，增强公民的法律意识，推动人民群众知法、守法，这也是社会主义法治建设的基本要求。

（五）人民调解是进行社会治安综合治理、推进依法治国的重要力量

通过社会治安综合治理的手段来维护社会的稳定是目前我国推进依法治国的重要举措。人民调解处于社会治安综合治理的第一道防线上。也就是说，对于社会转型期、改革深化期所产生的社会矛盾纠纷的解决，我们首先要寻求人民调解的途径。人民调解在维护社会安定团结方面更具有预防性、超前性和治本性的特点，发挥着其他纠纷解决途径不可替代的重要作用。社会治安综合治理所要实现的效果恰恰和人民调解的功能相契合。人民调解自然也就成为社会治安综合治理的第一道防线，更是在基层筑起了一道化解纠

纷、缓解矛盾、预防犯罪的坚固防线。因此，人民调解是社会治安综合治理总体工程中的重要一环，是综合治理系统工程中不可缺少的一个子系统。

二、人民调解在我国依法治国进程中具有重要作用

当前，我国已经进入加快推进社会主义现代化的新的发展阶段。全国各行各业、各条战线都在为完成党和国家确定的经济和社会发展的各项任务而努力奋斗。但同时我们也应清醒地看到，随着改革开放的日益深化和社会主义市场经济的不断发展，社会经济成分、利益关系和分配方式等日益多样化，各种利益冲突和摩擦将不断出现，社会矛盾会更加复杂，各种纠纷也会大量增加。在这样的情况下，及时化解各种社会矛盾，消除各种不安定因素，维护社会稳定，就显得更加重要。我国提出依法治国战略，也意味着要在法治的轨道下解决好各种矛盾和纠纷，从而创造稳定的社会环境、良好的改革开放和经济建设环境、和谐的人际关系。为此，我国必须结合新的历史条件，大力加强和改进对人民群众的思想政治工作，同时积极运用经济、行政和法律等手段，及时妥善地处理人民内部矛盾，防止因矛盾激化而影响社会稳定，保障经济社会发展。对此，人民调解发挥着重大作用。

（一）人民调解对维护社会稳定起着巨大作用

人民调解在维护社会稳定方面的巨大作用主要体现在以下两个方面：

第一，正确、及时地化解矛盾纠纷，增强人民内部团结。全国的人民调解组织每年调解大量的矛盾纠纷，把大量的人民内部矛盾解决在基层，使成千上万的当事人在不失和气的情况下消除了隔阂，改善了人际关系，有效维护了社会安定团结。人民调解委员会及时、就地、公正地调解了大量的民间纠纷，增强了人民内部的团结，有利于建立和维护社会主义新型人际关系。

第二，防止矛盾纠纷激化，预防犯罪行为发生。人民调解组织通过及时发现、正确调解矛盾纠纷，把许多因发生矛盾纠纷而准备行凶的人从犯

罪的边缘拉了回来，制止了许多一触即发的危害人民生命财产安全的重大恶性案件。人民调解以平等、民主、说服、教育的方法，耐心做好民事纠纷双方当事人的思想工作，通过疏导和化解纠纷，避免矛盾的激化和事态的扩大，尽最大可能把矛盾解决在萌芽状态，解决在基层，从而防止因民间纠纷激化而酿成危及人民生命财产安全的恶性事件，减少违法犯罪行为的发生，促进社会治安的根本好转，最终有利于社会稳定和社会主义经济建设。人民调解通过广泛深入、生动具体地向人民群众开展法律制度宣传教育活动，不断增强人民群众的法治观念，为预防犯罪起到了治本的作用。人民调解通过开展多种形式的社会主义精神文明建设活动，移风易俗，净化了社会风气，创造了预防犯罪的外部环境。

（二）人民调解促进了改革开放和经济建设

人民调解促进改革开放和经济建设的作用主要体现在以下两个方面：

第一，通过调解大量的矛盾纠纷，消除了当事人之间的纷争，解除了其精神负担，增进了团结，有利于调动人民群众生产和工作的积极性，使人们都能心情舒畅地投入生产和工作。

人民调解组织依照法律、政策，不仅及时调解了农村中因争水、争电、争场院、争山林、争农机具等事件发生的生产经营性纠纷和承包经营合同纠纷，调解了城乡集贸市场中因争摊位、争门店、抢生意、掺杂使假、缺斤短两等事件发生的各种矛盾纠纷，而且积极预防、主动化解企业改革中职工与职工、职工与领导、职工与家庭之间发生的大量矛盾纠纷，同时还有效地化解了城市在市政建设、危房改造中引发的各种矛盾纠纷。以上各类矛盾纠纷的成功化解直接服务于改革开放，助力经济建设。

第二，人民调解制度的优势，减轻了纠纷当事人的负担，免除了纠纷当事人的诉累，从而使其更有精力与财力投入生产和工作。

人民调解作为一种制度化、经常化和专门化的纠纷解决机制，在解决民事纠纷中具有方便快捷、成本低、效率高的优点，因此吸引了公民、法人（或其他组织）来参与调解。公民之所以愿意接受人民调解，是因为这种解决方式没有特别的门槛和费用。调解委员虽没有裁判权，但能通过晓之以理、动之以情、明之以法的方式进行调解，以种种灵活的方法帮助当事人消除隔阂，化解矛盾，分清是非，息事宁人。当事人之所以能够接受人民调解，也在于看重它的低成本和高效率所带来的利益。调解委员，特别是专家型调解委员，能够依据事实和法律为双方当事人提供咨询意见，分析纠纷的症结所在和双方当事人的利益所在，提出可供讨论的解决方案，并为当事人之间开展谈判进行协调和疏通。调解委员还可以将调解解决的成本和收益与诉讼解决的成本和收益相比较，说服双方当事人在现实情况下作出利益最大化的明智选择。有了调解委员的帮助，当事人能够更好地了解、判断案件的事实并正确地选择法律依据，据此对案件的诉讼前景作出较明确的预期。这种预期有助于当事人把握彼此让步的边界，找出解决方案，从而以和解的方式解决纠纷。在一些地区还存在着基层群众对专业机构服务收费的承受能力问题。一般情况下，无论公民之间还是公民与法人（或其他经济组织）之间发生的纠纷，都愿意通过人民调解的方式解决。人民调解制度的作用显而易见。

人民调解组织设在基层，人民调解员生活在群众之中，对于群众中发生的各种矛盾纠纷，不仅可以及早发现，而且可以就地解决。这不但减轻了人民负担，减少了群众诉讼，进而降低了司法成本，而且还可以节省当事人的时间、人力和物力，免除诉累，避免因打官司而耽误生产和工作。

（三）人民调解是为群众排忧解难、为政府和法院减负分压的“减压阀”

人民调解组织把大量的人民内部矛盾化解在基层，人民调解作为非诉讼纠纷解决机制，方便、灵活、不收费、程序简便、社会效果好，使相当数量的民间纠纷完全可以不进入诉讼程序就得到解决，有力地提升了民间纠纷的化解率，大大减轻了地方各级人民政府和人民法院的负担。一方面，人民调解节约了行政成本，使各级人民政府从解决纠纷的繁琐事务中解脱出来，使其集中更多的时间和精力搞改革、抓生产；另一方面，人民调解节约了诉讼资源，使人民法院更能够集中精力审理疑难、复杂的案件，提高办案质量。

（四）人民调解是联系人民群众与人民政府的重要渠道

根据《中华人民共和国村民委员会组织法》和《中华人民共和国城市居民委员会组织法》的规定，村（居）民委员会的任务之一，就是向人民政府反映村（居）民的意见、要求并提出建议。人民调解委员会作为村（居）民委员会的一个组成部分，凭借其广泛的人民调解组织网络，以其独特的工作方式，通过日常的人民调解工作，能够成为联系人民群众和人民政府的重要渠道。人民调解组织可以充分利用其人民调解工作与基层广泛接触的优势，及时向基层人民政府反映调解工作中发现的问题。这些来自基层群众生活的各种信息反馈，既是人民群众生活状态的真实反映，又为党和政府及时制定与修改法律、法规、政策等各种决策行为提供了宝贵的第一手资料。

（五）人民调解推动了社会主义精神文明建设

人民调解是社会主义精神文明建设的重要组成部分，与精神文明建设密切联系、息息相关。实践证明，把人民调解与社会主义精神文明建设有机结合起来，既能促进人民调解工作的发展，又能为社会主义精神文明建设增添力量，两者相互渗透，相互促进。人民调解在精神文明建设中所起到的重要作用主要有以下三个方面：

（1）通过调解矛盾纠纷，为人民群众排忧解难，增进人民群众之间的团结友爱，有利于建立和发展社会主义新型人际关系。

（2）通过向人民群众进行法律制度宣传教育和社会主义道德教育，促进广大群众遵纪守法，遵守社会主义道德，有利于公民成为有理想、有道德、有纪律、有文化的新型劳动者。

（3）通过配合基层政权组织和有关部门积极开展群众性精神文明建设活动，弘扬正气，净化环境，扶正祛邪，移风易俗，使文明个人、文明家庭、文明单位大量涌现，对社会主义精神文明建设起到了重要的推进作用。

总而言之，人民调解把大量民间纠纷解决在基层，解决在萌芽状态，既方便了群众，节省了人力、物力和时间，又维护了社会稳定，促进了生产力的发展。人民调解还通过调解纠纷，宣传党的路线、方针、政策，开展生动的法律制度宣传教育活动，弘扬了社会主义道德，增强了人们的法治观念，提高了人们的道德水平，符合先进文化发展的要求。维护社会的稳定需要人民调解，维护我国广大人民群众的根本利益也需要人民调解。人民调解作为社会主义民主和法律制度的重要组成部分，作为解决社会矛盾纠纷的重要机制，具有不可替代的重要地位和作用。

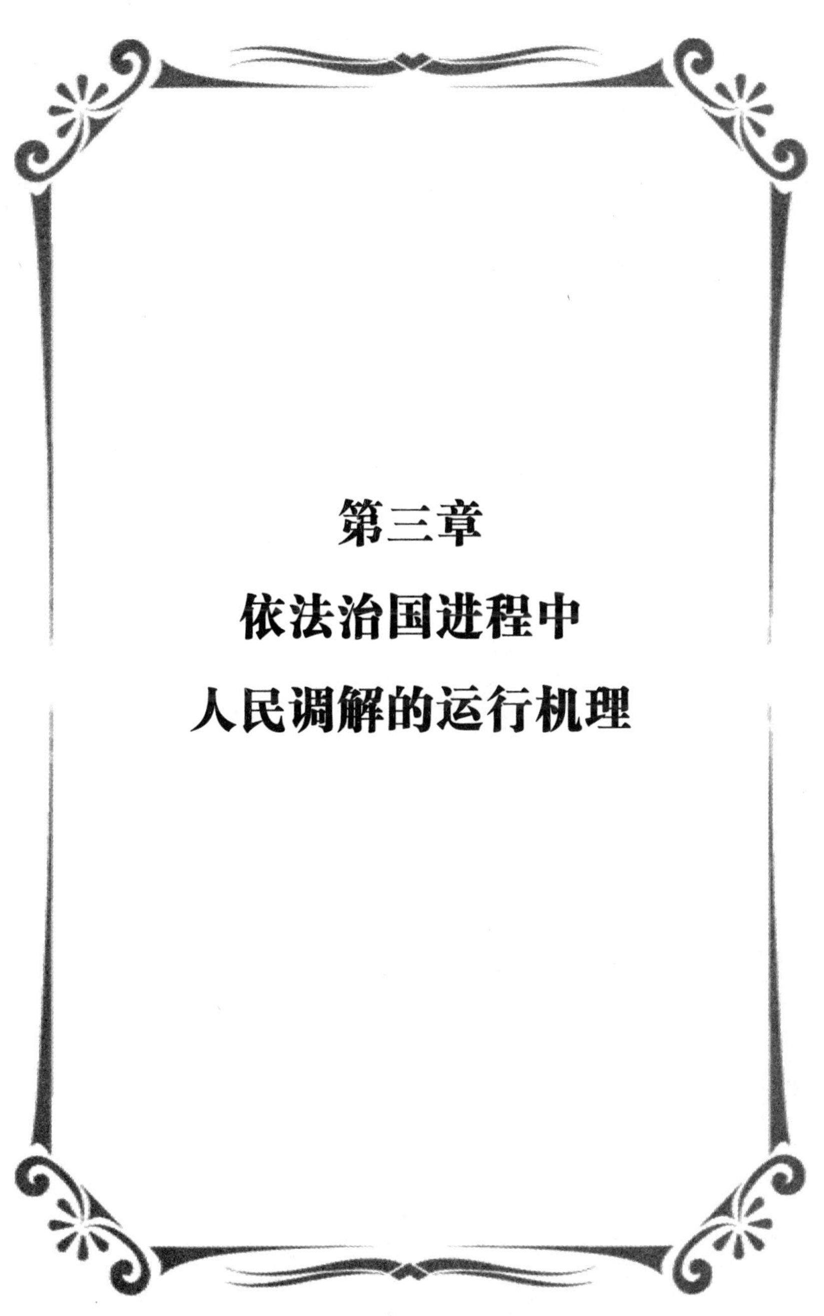

第三章
依法治国进程中人民调解的运行机理

第一节　法治视域下人民调解的内在要求

人民调解已经步入了全面发展的时代，人民调解日益受到党和国家的重视。一是立法上的重视。21 世纪以来，涉及人民调解的专门立法剧增。据不完全统计，21 世纪以来的二十年间，涉及人民调解的专门立法至少有 85 件，超过了中华人民共和国成立后 50 年（1949—1999 年）人民调解立法的总和。二是政府财政支持显著。依据《中华人民共和国人民调解法》的规定，县级以上地方人民政府对人民调解工作所需经费应当给予必要的支持和保障。据此，各级政府都有人民调解的专项经费，并且人民调解的专项经费投入都有保障。三是人民调解的各项建设成果显著。人民调解组织形式多样，专业性、行业性的人民调解组织不断出现；人民调解队伍不断壮大，专职化、专业化的人民调解队伍不断成熟。此外，人民调解的理论研究也进入了实务部门、专家学者的视野，有关人民调解的理论研究逐渐深入，硕果颇丰。与此同时，人民调解也步入了法治推进的时代。

但传统法治观念主导的诉讼至上使得人民调解并没有获得应有的地位。在人们看来，人民调解与诉讼相比，显然处于次要的位置。

在法治视域下，顶层设计已经体现出对人民调解的充分重视，而且国家有关机关（如最高人民法院、司法部）成为推动人民调解制度建设的重要机构。如前文所述，2014 年党的十八届四中全会审议通过的《决定》第五部分提出要“增强全民法治观念，推进法治社会建设”，其中包括健全社会矛盾纠纷预防化解机制，完善调解、仲裁、行政裁决、行政复议、诉讼等有机衔接、相互协调的多元化纠纷解决机制。加强行业性、专业性人民调解组织建设，完善人民调解、行政调解、司法调解联动工作体系。《决定》第六部分提出要“加强法治工作队伍建设”，其中包括发展公证员、基层法律服务工作者、人民调解员队伍。这充分表明，《决定》从人民调解如何发展方面给出了具体的规划。最高人民法院、司法部先后出台了《最高人民法院关于审理涉及人民调解协议的民事案件的若干规定》

《最高人民法院、司法部关于进一步加强新时期人民调解工作的意见》《最高人民法院、司法部关于进一步加强人民调解工作切实维护社会稳定的意见》《最高人民法院、司法部关于进一步加强新形势下人民调解工作的意见》等司法解释及规范性文件，《人民调解工作若干规定》《司法部关于印发〈人民调解文书格式〉的通知》《财政部、司法部关于进一步加强人民调解工作经费保障的意见》等规章及规范性文件，为人民调解制度的具体建设提供了鲜明的指引。因此，在法治视域下，人民调解将获得充分的发展并在我国法治建设过程中发挥举足轻重的作用。

一、在我国法治建设过程中，真正将人民调解纳入我国法治的重要因素中

法治是人类历史发展过程中相对于人治的第二选择。从社会历史发展来看，法律确实有其自身的局限性：一是法律有可能是恶法；二是即使不是恶法，也难以真正体现公平正义、保障人权；三是真正体现公平正义、保障人权的法律也会因时间的推移等因素而具有滞后性和僵化性；四是真正体现公平正义、保障人权的法律会受到运行过程中人力、物力、财力等因素的制约；五是法律会有难以触及的领域；六是法律运行难以真正完全化解纠纷。因此，法治也是相对于人治的一种选择。美国当代著名法学家昂格尔曾对法治进行了批判。他认为，法治就像生命保险和自由主义本身一样，只是在恶劣环境中作出最佳选择的尝试。法治是对社会秩序衰落的一种反应。它把人变为机械规则的附属，用冷冰冰的权利义务关系取代了人与人之间的感情与和谐。它忽略社会的丰富多彩和个体的不同，把所有的一切都整齐划一。最危险的是，它可以成为统治集团以社会的名义追求某种政策目标的工具[①]。英国法哲学家蒂莫西·A.O. 恩迪科特在《法律中的模糊性》一书中提及的法律具有的模糊性特征也表明法律之上的法治并非没有瑕疵，法治具有局限性。

---

① 昂格尔. 现代社会中的法律［M］. 吴玉章，等译. 北京：中国政法大学出版社，1994：43-44，67.

法律的局限性决定了需要通过多元的规则治理来弥补法律治理的不足。从社会的发展来看，西方国家基于对宗教的信奉来完善法律，并通过自然法的理念来弥补法律的不足。我国的法治社会建设的历程则表明了需要通过依法治国和以德治国相结合，并尊重善良风俗来推进法治。

同时，在传统的法治思维模式下，强调对法律的信仰意味着诉讼对纠纷解决的主导性，一切纠纷需要通过司法部门依据法律作出裁决。这不但体现了司法是法治的重要元素，更回应了规则之治，阐释了传统法治的应有之义。

但法律本身的缺陷及司法所带来的对人们权利的侵害和不公正等问题影响了司法的权威、对法律的信仰，而所有纠纷都集中于诉讼来解决也必然使司法难以承受公正之重，并且也导致了诉累的必然结果。因此，早在20世纪60年代开始，欧美法院就逐步发展起来各种非诉讼纠纷解决途径，构建了替代性纠纷解决机制（ADR），并与诉讼构成了多元化纠纷解决机制。可见，为了满足社会发展的需要，单纯通过诉讼来解决纠纷的法治思维也就必然丰富为多种途径解决纠纷的法治思维。

就我国而言，随着社会的不断发展变化，各类社会矛盾纠纷日益突出且多元化。我国从20世纪七八十年代就开始强调司法裁决所带来的突出的问题，这决定了我国也需要实现观念的更新。2014年党的十八届四中全会审议通过的《决定》第五部分“增强全民法治观念，推进法治社会建设”中，提出了“健全社会矛盾纠纷预防化解机制，完善调解、仲裁、行政裁决、行政复议、诉讼等有机衔接、相互协调的多元化纠纷解决机制”。包含人民调解在内的多元化纠纷解决途径并存、构建多元化纠纷解决机制，也就成为我国法治建设内涵的重要组成部分。

二、在我国法治建设过程中，要进一步加强人民调解制度建设，要充分发挥人民调解的作用

人民调解作为法治的重要因素，必然体现在对人民调解制度建设的重视上、对人民调解功能的充分发挥上。因此，既然肯定了人民调解在法治建设

中的重要性，人民调解就必然在我国法治建设过程中有一席之地。

在制度建设上，我国将进一步加大人民调解制度的建设力度。第一，人民调解组织的网络化建设。在我国法治建设过程中，人民调解组织将通过网络化的建设实现地域全覆盖、行业全覆盖。就目前而言，基本构建了多层级的人民调解组织网络、多行业的人民调解组织①。就理想的状态而言，只要是可以调解的纠纷，都必然由相应的调解组织进行调解，而且能够保证快捷、及时地调解纠纷，即调解组织最终能覆盖所有能调解的纠纷。第二，人民调解员队伍的专业化建设。为了满足社会转型期人民调解工作的需要，面对纠纷类型多样化、复杂化、专业化以及纠纷当事人法律意识提高的现实状况，人民调解员队伍必须加强专业化建设，包括法律专业化、队伍专业化。人民调解员必须懂法，这是贯彻人民调解原则的基本要求。同时，人民调解员要能够应对专业性很强的纠纷，否则无法调解。此外，我国要倾向于建设专职为主、兼职为辅的人民调解员队伍，保证有一支稳定的人民调解员队伍发挥人民调解的功能。

在人民调解功能的发挥上，我国将通过机制的完善保证人民调解功能在依法治国进程中得到充分体现，使人民调解在解决纠纷、化解社会矛盾、维护社会稳定方面发挥甚至比诉讼更重要的作用。首先，法律层面进一步推进。我国将通过法律制度的完善充分肯定人民调解的价值地位，保证人民调解的操作获得法律保障。其次，国家机关进一步支持。我国人民调解的勃兴是自上而下推动的结果，特别是人民政府及其职能部门、司法机关的大力支持，使人民调解能够得到认可并成为解决纠纷的重要途径。在我国依法治国的推进过程中，人民调解必须依赖国家的支持，这样人民调解才会有发展的空间，才会凸显其功能。因此，国家机关应进一步从人民调解组织建立、政策支持、经费保障、人民调解组织运转等方面加大支

---

① 目前多层级的人民调解组织网络表现为五级调解组织：市一级调解指导机构（有些地方直接成立调解中心），乡镇、街道调解委员会，村、居调解委员会，调解小组，调解联络员。当然，这五级人民调解组织网络并不必然具有上下级的关系。多行业的人民调解组织表现为各个行业都在推动建立人民调解委员会，而且基本建成了各行业的人民调解委员会，包括商事纠纷、劳资争议等调解委员会。

持力度。最后，人民调解组织将进一步发挥积极作用。人民调解组织在依法治国进程中，将进一步凸显其价值，在纠纷化解方面将充分发挥其优势，积极化解纠纷，维护纠纷当事人的合法权益，使人民调解组织成为我国法治建设中的一股活跃的力量。

第二节　不违法原则在人民调解中的运用：法、理、情的融合

就目前来看，人民调解在我国获得了长足的发展。但如何进行人民调解，即在人民调解过程中，如何处理法、理、情的关系，却是一个不能回避的问题。进一步讲，当我们进行调解的时候，面临的根本性问题就是如何看待法律的适用。

我国相关的法律、法规对此都有明确的规定并且有一个变化的过程。1989 年 5 月 5 日通过的《人民调解委员会组织条例》第六条规定，人民调解委员会的调解工作应当遵守以下原则：依据法律、法规、规章和政策进行调解，法律、法规、规章和政策没有明确规定的，依据社会公德进行调解。2002 年 9 月 11 日通过的《人民调解工作若干规定》第四条规定，人民调解委员会调解民间纠纷，应当遵守下列原则：依据法律、法规、规章和政策进行调解，法律、法规、规章和政策没有明确规定的，依据社会主义道德进行调解。2010 年 8 月 28 日出台的《中华人民共和国人民调解法》第三条规定，人民调解委员会调解民间纠纷，应当遵循下列原则：不违背法律、法规和国家政策。上述规定总体反映了我国人民调解的原则从依法调解到不违法调解的改变。可以说这种变化契合了人民调解的本质属性，更能够保证人民调解功能的发挥。

从该变化反映的理念来看，人民调解必须做到法、理、情的融合。唯有如此，才能体现人民调解的特色。这种融合，需要从其价值、路径等方面探求正确的认识。

一、人民调解法、理、情融合的价值基础：从人民调解本身说起

要探求人民调解法、理、情融合的价值基础，我们必须正确认识人民调解本身。事实上，人民调解能够发挥作用就是因为人民调解蕴含的优秀因素。中国人具有遵从德治礼序、崇德重礼的观念，具有包容谦逊、与人为善的精神品质，进而愿意以一种宽容的心态对待周围事物，包括纠纷。同时，人们对于问题通常从情和理的角度去分析，并用情和理的标准处理问题。这就为调解这种纠纷解决模式奠定了基础。就当前而言，人民调解作为替代性纠纷解决途径，需要理性看待，不能过分依赖，也不能贬低。

（一）人民调解是解决纠纷的一种途径

如何理解人民调解是解决纠纷的一种途径很重要，它关系到人民调解的正确适用。

首先，人民调解仅仅是解决纠纷的一种途径。人民调解是一项具有中国特色的、具有深厚中华民族传统文化内涵的法律制度，是我国人民独创的化解矛盾、消除纷争的非诉讼纠纷解决方式。人民调解在解决纠纷中具有其他纠纷解决方式不可替代的作用，被称为化解矛盾纠纷的“第一道防线”，被国际社会誉为“东方经验”“东方之花”。但人民调解不是神话，因此不能夸大人民调解的功效，不能认为在当代诉讼面临困境的情况下，依赖人民调解就可以解决一切矛盾。

其次，人民调解是一种灵活解决纠纷的途径，但也要有规可循。人民调解受案方式灵活、调解地点灵活、调解程序灵活、调解时间灵活、调解方法灵活，但调解时不能随意，不能无章法。人民调解也要遵循一定的规范（法律、程序）来进行，否则就会杂乱无章，难以顺利调解。

最后，人民调解是一种独特的解决纠纷的途径。人民调解是非诉讼纠纷解决途径，而且是在没有国家公权力（行政权、司法权）的干预下进行的，只能主要依赖于说服、教育、疏导等方式来进行，而且调解的结果要反映当事人的意志，基本做到彻底解决纠纷。

（二）人民调解的目的是维稳、便民、利民、亲民、维权

1. 维稳的调解目的

自2000年以来，国家在政策上进行了调整，人民调解开始得到重视和强调。最主要的原因是国家高层对社会和谐与稳定的强调，对社会利益分化、矛盾凸显的忧虑，而调解被认为在协调利益、化解矛盾方面比正式的法律方法更具有优势。对此，2004年《最高人民法院、司法部关于进一步加强人民调解工作切实维护社会稳定的意见》（以下简称《意见》）明确指出："随着改革开放的深入和利益格局的调整，社会矛盾纠纷表现出新的特点。因土地承包、村务管理、征地拆迁、企业改制重组破产等引发的群体性事件不断发生。部分地区群众上访、重复上访、越级上访、集体上访增加，影响了正常的社会秩序。正确处理新形势下人民内部矛盾、维护社会稳定的任务十分紧迫和繁重。人民调解作为一项具有中国特色的法律制度，是诉讼程序之外化解矛盾、消除纷争的有效手段，是提高公民法制观念和道德水平、推进基层民主法制建设的有效途径，是新时期维护社会稳定的'第一道防线'。"《意见》还提道："充分利用广播、电视、报纸、杂志等各种新闻媒体广泛宣传人民调解工作在化解社会矛盾纠纷、维护社会稳定中的作用，宣传人民调解员的模范事迹，激励广大人民调解员进一步做好人民调解工作，促使社会各界人士关心支持人民调解工作，为人民调解工作的发展创造良好的社会环境和舆论氛围。"《意见》肯定了人民调解在化解人民内部矛盾、维护社会稳定和谐中的重要作用。

2. 便民、利民、亲民、维权的调解目的

司法部于2010年12月24日发布的《关于贯彻实施〈中华人民共和国人民调解法〉的意见》中规定："建立健全人民调解委员会。依法全面建立村（居）人民调解委员会，实现村（居）人民调解委员会全覆盖。结合企业事业单位的特点和实际，鼓励和帮助企业事业单位建立人民调解委员会。加强乡镇（街道）人民调解委员会建设，充分发挥其化解疑难复杂矛盾纠纷的作用。积极与有关行业主管部门、社会团体和其他组织沟通协调，着重加强专业性、行业性人民调解委员会建设。"该文件还提出："健

全完善人民调解组织网络。村（居）和企业事业单位人民调解委员会根据需要，可以在自然村、小区、楼院、车间等设立人民调解小组开展调解工作，也可以在机关、单位等场所设立人民调解工作室调解特定的民间纠纷。”

3. 目的的把握

人民调解工作要适应新形势下正确处理人民内部矛盾的需要，不断拓展工作领域，做到哪里有民间纠纷，人民调解就在哪里发挥作用。人民调解要时刻把握人民调解的目的，但又不能无原则，即要把握好“度”——维稳不是不分原则的维稳，便民、利民、亲民、维权要以当事人的合法权益为底线。

（三）人民调解的目标与不同调解模式的目标要求

1. 人民调解的目标

人民调解员要着眼于人民调解工作的目的进行调解，这意味着人民调解具有比法院审理更复杂的技术要求。从维稳的角度看，人民调解要追求良好的效果——维稳，不但要达到案结事了，而且要彻底解决纠纷，维护社会稳定，促进社会和谐，甚至有些纠纷要着眼于未来关系的修复。调解就要寻求建设性的、协商性的解决纠纷的方法，尽量避免双方对抗，促进双方共同利益的实现。这种调解是以立足未来、促进和谐为目标的高层次的调解。

退一步讲，调解也要立足眼前，化干戈为玉帛，以解决纠纷为直接目的，而不考虑未来双方的关系会怎样。这是一种低层次的目标。

2. 不同调解模式的目标要求

每一起纠纷都具有不同的内涵和特点，会涉及不同的法律规范、不同的人文情结、不同的价值观念、不同的民风习俗等方方面面的知识。人民调解员要充分了解当事人的心理和需求，才能最大限度地促进当事人之间的和解。

根据当代调解发展的实际情况，英国学者迈克尔·努尼将调解模式分为妥协调解模式、治疗调解模式、管理调解模式。

妥协调解模式通常适用于大型商业冲突以及人身伤害纠纷。这种调解模式主要基于当事人明显的法律权益和先前已确立的立场性要求。在妥协调解模式下，调解员主动地寻求在谈判开始阶段确定每一方的“底线”，然后鼓励双方朝着一个双方都可以接受的方向渐近式谈判。它不需要挖掘和发现每位当事人的真实需要与利益，也不需要很多调解技巧和策略。

治疗调解模式常常用于家庭纠纷，无论是夫妻之间，还是父母与子女之间的纠纷。治疗调解模式的根本目的是改善当事人之间的关系，甚至实现完全和解。调解的形式更注重治疗性的、心理学的咨询技能，而不是正统的调解技术和战略。

管理调解模式主要适用于商业和金融领域的纠纷。管理调解是一个具有高度干预性的过程，由在相关领域具有较高权威的专家担任调解员，如专业的商事律师或经理人，强调法律权利、客观标准和措施。调解人通常会在调解过程中明确地提出其专业意见，并且常常积极参与谈判。这种调解模式注重的是权利而不是利益，因此这种调解模式有时也被形容为“没有约束力的仲裁”。

三种调解模式在法律适用上侧重点有所不同。妥协调解模式强调在法律权益和先前已确立的立场性要求的基础上，通过情理实现双方的让步；管理调解模式强调运用法律解决问题；治疗调解模式强调不完全依赖于法律。

这恰恰表明，对纠纷的调解在法律适用上具有复杂性，体现了人民调解与法院审理在处理纠纷依据上具有明显的不同。美国学者戈尔丁认为：“调解需要一种高于‘运用法律’能力的特殊技巧。”

二、人民调解法、理、情融合的基本路径

（一）我国依法治国背景下人民调解的依赖——法、理、情

如前所述，人民调解的目的表明，人民调解具有比法院审理更复杂的技术要求。人民调解要追求良好的效果，不但要达到案结事了，还要彻底解决纠纷，维护社会稳定，促进社会和谐，甚至要着眼于未来关系的修复。每一起纠纷都具有不同的内涵和特点，会涉及不同的法律规范、不同

的人文情结、不同的价值观念、不同的民风习俗等方方面面的知识。这就对人民调解的法律适用提出了更高的要求。这同时意味着，人民调解不能简单地依赖法律来实现。人民调解相关的法律、法规关于人民调解原则的转变也说明了这一问题。

从依法原则到不违法原则意味着仅仅依法调解是不够的，是不能从根本上解决问题的，因此现行法律规定了不违法原则。这给人民调解提供了法律适用的宽泛的尺度，给人民调解提供了更广阔的发挥空间。不违背法律、法规和国家政策，意味着不和法律、法规和国家政策相冲突。人民调解首先要立足于法律、法规和国家政策，但又不能仅仅依靠单一的国家法律制度。人民调解的法律适用最终涉及如何处理法、理、情的关系问题。首先，人民调解要立足法律，以法律为基础进行调解。其次，人民调解要考虑非法律因素——理、情。最后，人民调解要把情贯穿于调解的全过程。

（二）人民调解法、理、情融合的基本路径

1. 在调解纠纷时，首先立足法律，以法律为基础进行调解

运用法律要考虑不同纠纷所适用的不同的法律、法规、政策。这是分清是非责任、处理纠纷的依据，也是对纠纷当事人进行调解的基础。人民调解要善于适用法律条文、政策规定，提高纠纷当事人的思想认识、法律与道德观念。因此，面对任何一个纠纷，人民调解都要首先考虑法律、法规、政策是怎么规定的。不同的纠纷有不同的法律、法规、政策依据（见表3-1）。

表3-1　不同的纠纷有不同的法律、法规、政策依据

纠纷类型	具体表现	可能适用的法律
婚姻家庭类纠纷	抚养纠纷、赡养纠纷、监护纠纷、居住纠纷、产权纠纷、分家析产纠纷、动迁安置款分配纠纷、拆迁补偿纠纷、遗产继承纠纷、离婚纠纷、恋爱纠纷等	民法通则、婚姻法、物权法、公证法、合同法、继承法、老年人权益保护法、未成年人保护法等
邻里类纠纷	通风纠纷、采光纠纷、通行纠纷、侵权纠纷等	民法通则、物权法、侵权责任法等

表3-1(续)

纠纷类型	具体表现	可能适用的法律
赔偿类纠纷	人身损害赔偿纠纷、意外死亡赔偿纠纷、交通事故赔偿纠纷等	民法通则、合同法、侵权责任法、工伤保险条例、人身损害赔偿的司法解释、消费者权益保护法、道路交通安全法、城市道路管理条例等
劳资类纠纷	欠薪纠纷、人身伤亡纠纷、解除劳动合同纠纷、侵权纠纷等	劳动法、劳动合同法、侵权责任法、工伤保险条例、人身损害赔偿的司法解释等
医患类纠纷	医疗纠纷（医疗过失纠纷、非医疗过失纠纷）、非医疗纠纷	侵权责任法、人身损害赔偿的司法解释、医疗事故处理条例及司法解释等
房产物业类纠纷	物业收费纠纷、租赁纠纷、房屋修缮纠纷、房屋权属纠纷、拆迁补偿纠纷、房屋置换纠纷、侵权纠纷、土地流转纠纷等	物业管理条例、土地管理法、土地承包法、民法通则、合同法、侵权责任法、物权法、婚姻法、继承法等

人民调解立足法律，就要清楚如何适用法律。具体而言，人民调解要进行法律识别，即要知道不同纠纷可能适用的法律，明确纠纷中各方法律关系。例如，一客户租赁一辆运输卡车前往某有限公司杨某处装运建筑用脚手架钢管，由于公司内同一规格钢管数量不够，杨某遂决定向某同行借调。但是，卡车驾驶员不熟悉行驶路线，因此杨某指派其公司员工，也就是杨某的好友辛某随车前往带路并发货。在装运钢管的过程中，驾驶员先将自卸车车厢顶高，使车厢向尾部倾斜，然后从车厢尾部进行人工装运，并用两根 1 米多长的钢管顶在车厢前端左右两角，以防止车厢顶泵失控自由滑落而引发安全事故。当自卸车装运物品到一定数量和高度时，驾驶员启动顶泵，使车厢两端支撑的钢管松动并自行倒地。不懂自我安全保护的辛某急于去捡自行倒地的支撑钢管，车厢顶泵及车厢迅速自行下滑将辛某当场压死。另外，辛某生前借予杨某人民币 34 万元，没有约定还款期限，到辛某死时还款本息合计 37. 22 万元。

上述案例进行调解之前，必须明确下列法律关系和适用的法律，才能保证调解的正确性。第一，侵权关系。该纠纷的核心部分是责任事故纠纷，应适用《中华人民共和国侵权责任法》作出判断。第二，劳动关系。

该纠纷涉及工伤死亡赔偿，应适用《中华人民共和国劳动合同法》《工伤保险条例》作出处理。第三，借贷关系。该纠纷还涉及民间借贷纠纷，应适用《中华人民共和国合同法》的有关条款作出判断。

2. 要准确理解适用法律的内涵，即如何运用法律

明确法律关系，找到相应的法律条文后，还必须明确法律的内涵，知道如何运用法律，才能作出正确的处理。试比较以下两起纠纷：

纠纷 1：某小区的张老汉和王老太夫妻二人有一套产权房。两位老人均已年逾八旬，身体状况欠佳，生活不能完全自理，王老太无经济收入。两位老人为能安度晚年，欲请王老太的外甥，即张老汉和王老太夫妻二人曾抚育过数年的李某照顾两位老人的晚年生活。2010 年 5 月，张老汉与李某签订了一份遗赠抚养协议。协议约定：李某每月给付两位老人生活费 800 元；支付两位老人的房屋装修费 3 万元；经常看望、关心两位老人；两位老人生病时，负责照顾两位老人；李某的户口可迁入两位老人的住处；负责料理两位老人寿终的善后事宜；该房屋权利归李某所有。协议签订后，李某的户口随之迁入两位老人的住处，但仍居住在原住处，李某支付了两位老人装修费 3 万元；每月给付两位老人生活费 800 元，已满 5 年。但是，李某对两位老人的生活从不关心，两位老人需就医求助时，李某以恶语拒绝。几年后，张老汉被诊断为肝硬化和腹水，身体状况极差；王老太已年近九旬，长卧不起，神志不清，属于无民事行为能力者。鉴于此情况，张老汉与李某电话联系，要求李某给予生活上的照顾并负责两位老人的治疗，却遭到李某的恶言相待，李某拒绝履行协议的其他约定事项。为此，张老汉只好请他的外甥女照顾两位老人的生活。张老汉要求立遗嘱，将自己享有的房屋产权赠与自己的外甥女，自己的生活和寿终的善后事宜由其外甥女负责。

纠纷 2：1999 年，潘某夫妇在搬回改造后的新房后，需要支付 19 万元，即超出原旧房面积部分的购房款和相关税负，但他们无力支付。于是，潘某夫妇同外甥女王某一家商议后决定：购房款和相关费用及新房装修款，由外甥女的儿子何某筹集并支付；新房的居住权和使用权在潘某夫

妇去世前，归属潘某夫妇双方或一方；由于潘某夫妇膝下无子女，潘某夫妇承诺百年后，新房一切权利归何某所有。之后，外甥女王某以儿子何某的名义筹得并支付了上述所有费用，房产证上也登记了潘某夫妇和何某三人的名字，三人共同拥有新房产权。潘某夫妇同何某也以书面协议确认了前述各方的权利和义务。潘某丈夫去世后，潘某同何某及何某的母亲王某对新房的权属问题产生争议。何某及其母亲王某认为潘某丈夫在新房中的产权份额应当归何某，因为潘某应当履行协议中新房的一切权利在两位老人百年后归何某的承诺。潘某认为自己尚健在，按照协议应是自己和丈夫均百年后，何某方能取得新房所有权利。双方为此发生争议并至公证处，被告知之前签订的协议可能存在问题。此时，潘某的弟弟也加入争议中，何某的母亲认为潘某的弟弟的加入意在夺取潘某夫妇新房所有权的继承权利。这使得双方争执更加激烈，纠纷不断。无奈，潘某与何某的母亲申请调解。

上述两起纠纷必须明确遗赠抚养协议和遗嘱的内涵与效力，否则就无法作出对纠纷的正确处理。

可见，依据一个“法”字，坚持以事实为依据、以法律为准绳是人民调解员进行调解的基本准则；坚持以事实为依据、以法律为准绳能确保人民调解工作的严肃性、法律的权威性和调解的公正性；坚持以事实为依据、以法律为准绳既是确保国家长治久安的重要法宝，又是维护人民群众根本利益的有效手段。

3. 要考虑非法律因素——情理

有些纠纷真正用法去调解的时候，我们会发现未必能收到好的效果。一方面，可能调解不成功，表现为难以用法律处理，主要是当事人不接受这种法律处理的结果，因为它不符合人们认可的情理；另一方面，可能调解不了，表现为没有法律规定。当我们基于纠纷寻求法律条文时，可能找不到相应的法律条文。实践中确实有很多纠纷并不是纯粹按照法律规定解决的。这说明用法去解决纠纷是具有局限性的。人民调解的工作特性决定了调解要处理法律触及不到的领域，如家事纠纷。西方有句谚语：“法律止于家门。”因为家庭纠纷有伦理性与技术性强、规则性弱、事实和规范清楚的特点，调解人不但要解决纠纷，还要考虑维护家庭、维持家庭关系的和睦，这就必须考虑用情理因素去解决。

情理主要表现为在特定人群中长期生产和生活所形成的风俗习惯、礼节、仪式、舆论、禁忌、乡规民约、家法族规、民族规约、宗教戒律、行业规程等。其中，以风俗习惯为主。

民间习惯追求了这样的价值：合乎亲情、面子、人情、天理等因素的秩序，天经地义、惩恶扬善的正义。这种正义表现为一种直觉正义、天经地义。更为重要的是人们的正义观中还加入了人情，成为以伦理为本的“人情正义”，这种正义是指“义”要依“情”而定，合乎情就是义，反之就是不义。在我国，习惯的强大远超我们的想象，这些为人们所认同的习惯已经深深根植于人们的生活和理念之中。人们只要生活在这样的环境中，就必然会受到民间习惯的压力。

情理属于伦理的范畴，是人们通常所说的情中之理，是人们在长期的生活实践中形成的生活理性与朴素情感的积累、沉淀，是大众的心理、人民的智慧，是为维持人们情感或交往的纽带自发形成的。情理的本质是乡土正义，是论事理、评是非的普通标准，在人们长期的社会生活中形成并深藏于人的内心，引导人们对社会问题的常识判断。

因此，情理是社会大众认同的公平情理，是人的常情和事情的一般道理，是情和理的平衡与兼顾。情理作为调解的规则，是社会大众认同的公平考量。如果违反这个情理，人们就会认为调解不当；如果符合这个情理，人们就会认为调解是正义的并自觉遵守调解协议。

情理比法律更能被人们接受。调解人员在解决纠纷时重视运用大家公认的情理，将其作为重要的调解规则，因为情理相比于法律，更能被人们接受。由于调解制度没有法院诉讼制度的国家强制力，也没有运用法律的“刚性”程序规定，这时调解人员讲法、说法，当事人反而不容易接受。尽管法律也是调解人员的调解规则之一，但调解人员在运用法律调解纠纷时，经常会将其转化为人们能够接受的表达形式，而不是生硬地直接套用法律来论断纠纷。这使我们看到情理在调解中的特殊功能。

情理起到了以下的功能：第一，情理对于调解具有评价监督功能。情理中所蕴含的“乡土正义”是人们评价自己与他人行为善恶的一般标准，公正的调解会得到人们的积极回应与评价。第二，情理对于调解具有良好的促进功能。情理的运用在调解中可以发挥它的优势——灵活性与亲和力，促进针锋相对的当事人缓和关系，这对于调解的顺利进行有着良好的作用。第三，情理对于调解的制度权威具有维护作用。情理有着深刻的传统文化根基和广泛的民众心理基础，在调解的过程中合理地运用情理对于促使人们达成调解协议，树立调解的制度权威有着不可忽视的重要功能。

因此，调解要围绕“情理”，坚持以理服人，以礼相待，要消除隔阂，化解矛盾，不仅应当动之以情，更要晓之以理。广大人民群众服的是理，而不是权，这是调解人员必须明白的道理。把理对群众讲深、讲透、讲具体，思想就容易统一，疙瘩就容易解开。这样调解工作才能顺畅，人民群众才能理解。

人民调解在国家正义的框架内，只有符合人们普遍认可的乡土正义，才能被人们接受，真正实现定纷止争，进而体现如下功效：第一，有利于纠纷彻底解决。人们在解决纠纷中，通过选择适用对自己有利的法律或民间习惯，其目的就是彻底地解决纠纷。第二，有利于纠纷处理结果的执行。民间习惯本身是得到社会认可的产物，并且更多情况下使双方共同自愿地达成了协议来解决纠纷。对当事人来说，其对自己的这种自愿行为是乐于承担的，如果单靠法律的强制就不会这么顺利。

4. 情理的运用原则：不能与国家法律对立

法律与民间习惯对立的问题也是存在的。田成有先生对此有过深入研究，他举例说：在一些落后的乡土社会中，民间有早婚、抢婚、包办婚等做法以及妇女无继承权等规定，且离婚也比较随便，这显然是与国家婚姻法中的男女平等、婚姻自由的原则与规定是大相径庭的，是国家法律所不允许的。在债权债务方面，有些民间习惯规定，对欠债不还者可以任意拉债务人的牲畜，以占用财产、土地、房屋的方式清偿，显然这些做法都与国家法律相悖。再如，在执行、处理的司法机制和程序方面，有些民间习惯的处罚形式以罚款、罚物、开除村籍、游街示众为基本形式，表现出损害名誉、人身伤害、累及无辜的特点，与国家法律的处罚方式截然不同。另外，在农村还有许多诸如“祖业宅基，买卖由己”“出嫁之女，继承无份”“偷鸡摸狗，吊打屁股”“外来女婿，不得分红”等违反国家法的规定。

这些现象在调解时必须纠正。法治的核心要素之一就是制定的法律要遵从。因此，运用情理因素调解纠纷时，如果与法律对立，显然不是法治国家所希望的，也不是依法治国所要求的，反而是与依法治国相违背的。坚持运用情理调解纠纷，必须做到不与国家法相违背、相对立。

5. 要把情贯穿于调解的全过程

情，即感情、情节或情况。人们经常会说：“情有可原。”中国的传统文化是非常注重感情的。涉及一些人际关系、社会关系，甚至和法律发生某种冲突的事件，要考虑情的因素。因此，调解需要充分考虑和把握情这一因素。

情是人类社会不可回避的心理反应和社会关系要素，是处理好具体事件的“技术”方法和必备要素。可以说法是生硬的，理是公道的，情是可变的。法在书本上；理在人心中；情根植于心，表乎于颜。人民调解不能忽略法和理的存在及作用，更要注重“情”。

调解工作要坚持以“情”感人，努力争得人民群众的信任。要做好矛盾纠纷化解工作，首先要取得纠纷当事人的信任，以“情”感人，充分运用人情、亲情、社情、国情，拉近与当事人的距离，用“情”调解，用“心”化解，把热心、耐心、真心、诚心、公心贯穿调解工作的全过程。同时，调解工作还必须坚持“以人为本”的工作理念，以维护广大人民群众的切身利益为根本出发点，才能争得群众的认可和信服，从而赢得人民调解工作的主动权。

总之，法律、法规、政策是衡量是非责任的标准，任何纠纷都要首先考虑法，根据法明确是非责任及基本的解决方案。在此基础上，或者直接依据法律解决纠纷，或者用法律作为解决纠纷的手段。情、理、法相结合意味着在法的基础上，每个纠纷都要尽可能从“情”的角度出发，做到以“情”感人，以“情”化解纠纷；每个纠纷都要从“理”的角度出发，最终让当事人明事理，真正接受调解结果。而情、理的运用，不能违背法律，纠纷的解决还需要“法”的制约。

综上所述，人民调解是处理矛盾纠纷的有效手段，更是做好群众工作的重要法宝。人民调解要充分运用法、理、情三者的关系，即相互依存，不可分割。人民调解要切实采取以“情”感人，寓情于理，依法办事的工作措施，把情理与法理相融合，将情理渗透到法理中去，引导群众以社会公德正确处理人际关系，以理性、合法的形式表达利益诉求。这对于消除纷争、构建和谐社会将起到积极的促进作用，从而达到化解一件事，教育一片人，实现案结事了的最终目的。

第三节　人民调解中的语言运用

人民调解的调解属性彰显了语言在人民调解中的重要价值。人民调解本质上就是语言的调解。“调解是一种用语言来进行的法律活动，是借助语言进行、推动和完成的，因此可以说是语言在调解。语言的实际使用往往决定着调解的成功和失败。”① 正是语言所具有的传播信息、交流感情的特性，使得人民调解的目的得以实现，即语言所传达的具有调和意义的信息，实现了民间纠纷当事人之间的连接，使得民间纠纷当事人之间能够进行交流和沟通，消除分歧，最终实现纠纷的化解甚至实现和谐的人际关系的重建，促进社会的稳定。语言发挥了良好的人民调解的功能。“语言的调解功能是语言系统中的润滑剂，它时时调节着各种社会语言功能的发挥，使人们的言语交际达到最佳的效果。”②

离开了语言，人民调解就无法进行。不能准确把握人民调解的语言，

---

① 廖美珍．法庭调解语言研究的意义及方法［N］．人民法院报，2008-04-24（005）．

② 王洁．法律语言研究［M］．广州：广东教育出版社，1999：159-162．

人民调解难以取得好的效果。因此，在人民调解进行的过程中，恰当运用语言要素是人民调解成功的关键。特别是在人民调解“全面扩张”的今天，我们要充分发挥人民调解的作用，实现人民调解的政治功能、社会功能和法律功能，就更需要依赖良好的语言环境来实现人民调解效果的最优化。这样通过对人民调解语言的研究，实现对人民调解语言的巧妙运用就显得尤为重要。

一、善于运用人民调解语言是人民调解语言运用的基本要求

既然语言能够发挥人民调解的良好功能，不同的调解语言又展示了不同的人民调解的功能，运用好人民调解语言就显得尤为重要。在人民调解语言的运用过程中，首先应善于运用人民调解语言。

我国悠久的调解传统积累了丰富的调解语言，如“远亲不如近邻”“一家人不说两家话”“五百年前是一家”“冤家宜解不宜结”“大事化小、小事化了”“化干戈为玉帛”“相骂无好言、相打无好拳”“家和万事兴”“和气生财”等。这些调解语言蕴含着我国人民对和睦相处的美好追求及宽容忍让、以和为贵的优良品质。因此，这些调解语言的运用更容易形成与纠纷当事人情感上的共鸣，进而更容易缓和纠纷当事人的情绪，化解纠纷当事人的矛盾。

二、语言富有感情色彩是人民调解语言运用的内在要求

“感人心者，莫先乎情”，冷冰冰的语言只会拒人于千里之外。人民调解员只有运用富有感情色彩的语言才能引发纠纷当事人情感上的共鸣。因此，在人民调解过程中，人民调解员要使语言富有感情色彩，保证调解语言既符合法律，又具有很强的亲和力、感染力，增强当事人对调解员的信任感、认同感，拉近双方的心理距离，缓和戒备情绪，方便沟通感情。感情沟通了，关系融洽了，观点也就容易接受了。因此，人民调解员说话要动之以情，要说真实感人的话，增强劝说语言的力度，提高劝说的效率。

语言富有感情色彩，意味着人民调解员要将心比心，善于投入真诚、

朴实的感情，以缩小与当事人之间的情感距离。人民调解员要重视正确地表达自己内心的情感，用自己的心去弹拨当事人的心，让当事人闻其言，见其心，达到感情上的融合，从而潜移默化地使当事人感觉人民调解员说的话是暖心暖人的。

三、语言的灵活运用是人民调解语言运用的效果要求

（一）不同的调解语言在人民调解不同阶段的运用

人民调解在不同阶段解决的问题不同，语言的运用也会有所不同。因此，人民调解的不同阶段要运用不同的调解语言。一般而言，在人民调解员介入调解的阶段，人民调解员要运用树立权威、树立公平公正形象的语言，让纠纷当事人愿意接受调解并信任人民调解员。在调查阶段，人民调解员要运用提问的语言，尽量把纠纷调查清楚。在调解阶段，人民调解员要运用教育、说理的语言及法律语言来化解纠纷，同时要善于使用含蓄（容易使人接受）和逻辑的思维语言、以事寓理的形象性语言（形象生动的比喻易使人明白）、诙谐的语言（使气氛轻松）。必要时，人民调解员可以使用严词利语，以控制局面。在达成协议阶段，人民调解员要运用总结性的语言、鼓励性的语言来结束调解并实现和谐的结果。

（二）不同类型语言的有效运用

1. 不同类型语言的功能

人民调解过程中通过语言所传达的具有调和意义的信息呈现为不同的载体。根据信息的传达载体不同，人民调解中的语言可以划分为有声语言和无声语言两种类型。它们在人民调解过程中展示了不同的人民调解的功能，在人民调解过程中都占据重要的地位。

有声语言是指能发出声音的口头语言，即人类社会最早形成的自然语言。它是人类交际最常用的、最基本的信息传递媒介①。有声语言的表现形式有两种：一是通过语言的内容传达信息，二是通过语音、声调、语气

---

① 什么是有声语言［EB/OL］.（2017-10-05）［2018-08-16］. https://zhidao.baidu.com/question/163020794.html.

等传达信息。前者可称为主语言，后者可称为副语言。主语言是最直接的口头语言表现形式，直接体现语言的信息传递和人际互动功能。人民调解首先是通过主语言的信息传递和人际互动功能，实现与民间纠纷当事人之间的沟通，影响人民调解的实际效果。表现为语音、声调和语气的副语言是主语言的辅助形式，但却是人民调解员情绪状态的直接反映，并且能够增强情绪的感染力。人民调解员可以通过语音、声调、语气的变化，增强言语信息的明晰度，有效化解民间纠纷。

无声语言又称为态势语言，是有声语言（口语）的重要补充。它通过身姿、手势、表情、目光等配合有声语言来传递信息，也称体态语言①。它包括面部表情、身体距离、身体接触、身体动作等，主要是面部表情和姿势。面部表情包括眼、眉毛、嘴、面部肌肉等的活动，能够传递丰富的感情。姿势是人们自觉或不自觉地表达内在思想和感情的体态动作，主要包括手势和身体姿势。美国心理学家艾伯特·梅拉比安发现，一个信息产生的影响只有7%是语言的，其他38%是嗓音的（包括语调的抑扬顿挫和其他声音），55%是非语言的②。体态语言比有声语言具有更强的信息传递和人际互动效果。有声语言难以表达的喜悦、激动、悲伤等情感，可以通过体态语言表达得淋漓尽致。体态语言可以更好地补充、强化口语信息，使有声语言的表现力和感染力得到升华，同时能够加强人民调解员与纠纷当事人之间的情感沟通与交流。态势语言在交际过程中具有暗示作用，可以更有效、省时省力地传达信息，最适宜间接地传达隐含的示意，具有超交际功能。这意味着，体态语言可以影响到调解人员与纠纷当事人之间的情感表达和交流，可以影响到调解人员的形象和人格魅力的发挥，最重要的是可以影响到纠纷的顺利解决。

2. 副语言的运用要求

基于副语言所具有的功能，人民调解员在调解过程中，除了使用好主

---

① 无声语言[EB/OL].(2015-05-06)[2018-08-16]. http://baike.baidu.com/link? url=GD2NsMzvQ1eviwDPvoryGtudGiJTy0x0DYtIcmMYmEr5REJDmSa2Pf7MG0KMYvEda10Be3YSbMP6RBJ-e59-ta.

② 刘学丰. 非语言交际中体态语的多维思索［J］. 渤海大学学报，2006（3）：44-46，50.

语言外，要更好地运用语音、声调和语气①。具体而言，人民调解员在与当事人谈话时切忌“一潭死水”，语音应有轻有重，当强调某件事或想要引起纠纷当事人的注意时，要用重音。出于表达感情的需要，人民调解员在讲话时要有停顿，这当然也可以起到引起纠纷当事人注意的效果。如果是为了表达某种情绪，人民调解员在讲话时要有节奏。例如，人民调解员在表现平稳、沉郁、失望、悲哀的情绪时要运用慢节奏；相反，在表现紧张、欢快、愤怒、生气的情绪时则适宜运用快节奏。在声调的运用方面，不同的声调可以表达不同的情感或心理。例如，平直声调表现平静、闲适、忍耐、犹豫等感情或心理；上扬声调表达激昂、亢奋、惊异、愤怒等情绪；曲折声调表示惊讶、怀疑、嘲讽、轻蔑等心理；下降声调表现坚决、自信、肯定、夸奖、悲痛、沉重等心理。人民调解员要根据情感或心理表达的不同需要，体现声调变化。在语气的运用方面，语气的感情色彩较为明显，语气的变化意味着情感的波动。例如，在一定意义上，语气柔和表达“爱”，语气生硬表达“恨”，语气短促表达“急”，语气粗重表达“怒”，语气沉缓表达“悲”，语气高昂表达“喜”，等等。调解人员的不同语气反映着其对纠纷及其当事人的不同态度。因此，人民调解员要根据具体对象和需要，灵活运用副语言。

3. 体态语言的运用要求

在调解过程中，人民调解员除了使用好主语言和副语言外，体态语言所具有的功能决定了人民调解员要更好地运用体态语言。具体而言，由于面部表情的丰富多彩及表达的不同情感，人民调解员要运用正确的面部表情，既严肃又温和，既庄重又真诚；表情要灵敏、适度、真实、鲜明，从而恰当、准确、明朗地表达人民调解员的内心世界。面部表情中的眼神、眉毛的变化等都表达了人民调解员不同的内心世界，因此人民调解员更要准确运用。例如，打算跟对方进行交谈或正在用心倾听时，人民调解员与纠纷当事人要进行直接的目光接触，眼睛要直视对方；如果纠纷当事人主动认错或提出和好

---

① 盛永彬，刘树桥. 人民调解实务［M］. 北京：中国政法大学出版社，2015：154-155.

方案，人民调解员的眼神里应带着笑意，流露出鼓励、赞赏的目光。为了表达对纠纷当事人的一种尊重，人民调解员不要斜视纠纷当事人。为了避免纠纷当事人对人民调解员误解，人民调解员的目光不要游离、躲躲闪闪。

在体态语言的运用中，人民调解员要注意身姿和手势的运用。在人民调解过程中，表现为耸肩、摇头、拍打、拥抱、握手等动态的姿势和表现为坐、立等静态的姿势以及体现手、臂、肩甚至头部动作的姿势，不但可以表明态度、传递感情、传递信息，而且还能够反映一个人的修养及心理素质。因此，人民调解员在调解过程中要保持良好的身姿和手势。

在身姿方面，人民调解员良好的坐姿应是端正坐在座位上，与纠纷当事人面对面，身体微微前倾。这样如果是听纠纷当事人讲话，表达的是很有兴趣的意思，是谦虚诚恳、洗耳恭听并且尊重纠纷当事人的态度。如果是对纠纷当事人进行劝说，则体现出了对纠纷当事人的真诚、亲切的态度。人民调解员在主持调解会议时，坐姿更应当自然、大方，应坐在椅子中央，腰背挺直，双腿并拢，不要倚靠椅背，双手也不要搭在椅子把手上。人民调解员良好的站姿应是双脚略分开，以介于稍息和立正之间的状态，轻松而自然，双腿直立，头正、肩平、挺胸、收腹，以礼貌、谦和的眼光目视对方，给人以坦率、自信的印象。

动作手势能加强劝说语言的力量，也能丰富语言表达。例如，点头、摇头表示赞许、反对，拍肩、握手、拥抱表达亲切感和认同感。因此，人民调解员要灵活运用动作手势，但切忌摆弄头发、扭绞双手、环抱双臂、双手背在身后，这会给纠纷当事人留下不稳重、不自信、不尊重纠纷当事人等不好的印象。

第四节 人民调解的风险防范

纠纷调解过程中的风险是指在纠纷调解过程中产生的、需要由人民调解组织和人民调解员承担的、对人民调解组织和人民调解员不利的一种不确定性。这种不确定性有时未必需要人民调解组织和人民调解员承担，但至少会造成一些工作上的影响。

在纠纷调解过程中，如果人民调解员真正做到遵循人民调解的原则、依据人民调解的规范性要求进行调解，并且纠纷当事人也能够理性地对待调解，那么纠纷的调解就能够获得理想的效果，即化解纠纷、解决矛盾以及实现社会和谐。但并不是所有的人民调解员都能够真正做到遵循人民调解的原则、依据人民调解的规范性要求进行调解，而纠纷当事人表现出的复杂性的一面，也意味着其未必都能够理性地对待调解，甚至在与纠纷有一定关系的人介入纠纷的情况下，纠纷就更加复杂。因此，在纠纷的调解过程中不可避免地存在着风险，造成对调解效果的影响。这就需要清晰认识人民调解过程中的风险，采取必要的防控措施，以便更好地保障人民调解工作顺利开展。

一、人民调解员违背人民调解规范性要求的风险及防控

有人提出，一些地方的人民调解组织一味追求正规化、司法化，模仿法庭程序，从而违背调解规律，不利于合意的达成，提高了调解的成本，增加了利用调解的障碍[①]。自由是现代调解制度的首要价值，纠纷当事人应当在意志自由的状态下就纠纷解决问题形成合意[②]。但人民调解程序的规范性是影响人民调解权威性的首要因素[③]。《中华人民共和国人民调解法》对民间纠纷的调解应当具有一定的规范性的要求，包括遵循一定的原则、按照一定的程序进行等。缺乏规范性的保障必然会导致调解的风险。因此，在人民调解过程中，有些人民调解员往往可能因为自身的疏忽或业务不熟，也可能是没有做到尽职尽责，违背了人民调解的规范性要求，结果引发了调解的风险，对人民调解造成了负面的影响。

（一）人民调解员违背人民调解规范性的要求进行调解导致的风险

在人民调解过程中，人民调解员往往会基于下列行为，导致违背人民

---

① 范愉.《中华人民共和国人民调解法》评析 [J]. 法学，2011 (2)：1-12，176.

② 闫庆霞. 人民调解前置制度之反思——以民事程序选择权为讨论的出发点 [J]. 法学家，2007 (3)：118-123.

③ 罗丹，徐梦堃. 提升人民调解程序的规范性 [J]. 延边党校学报，2015 (3)：64-67.

调解规范性的要求，造成调解的风险。

1. 违法调解

人民调解员违反法律的规定进行调解，结果导致对纠纷当事人造成伤害。调解的基本原则之一是不违法。其含义首先是在调解时按照法律的规定进行调解，否则就会造成不应有的后果。有些人民调解员往往忽视法律的规定，结果导致了违法的调解，造成了一定的风险。

2. 纠纷当事人缺席调解

人民调解员没有召集所有纠纷当事人参与调解，或者在遗漏纠纷当事人的情况下进行调解，从而违背了自愿原则。人民调解的自愿原则要求人民调解员在调解纠纷时要保证所有纠纷当事人都到场，只有这样才能贯彻自愿原则并尊重当事人的意愿，得出各方当事人都满意的调解结果。相反，哪怕有一个纠纷当事人没有到场，都很难保证调解结果符合该纠纷当事人的意愿，甚至会侵害该纠纷当事人的利益。没有召集所有纠纷当事人参与调解的原因，可能是纠纷当事人的隐瞒，也可能是人民调解员的疏忽大意，还可能是人民调解员图省事，没有坚持纠纷当事人必须到场。不管是哪种原因，都是不应发生的。

3. 调解程序缺失

人民调解员不能按照规范的程序进行调解。人民调解员不能按照规范的程序进行调解表现为没有告知当事人的权利、没有告知当事人人民调解协议书的效力等情形，导致当事人不能有效地行使权利、维护自己的利益。结果造成纠纷当事人对调解组织不满等问题，也会影响人民调解组织的工作。

4. 缺乏调查，盲目出具人民调解文书材料

人民调解委员会应当事人的请求出具人民调解协议书等文书材料时没有对纠纷事实进行慎重审查，导致出现不当情形。人民调解委员会除了调解纠纷外，有时还会应当事人的请求，出具人民调解协议书、终止调解通知书、其他证明材料等文书材料。但有些时候，当事人的上述请求只是为了掩盖非法目的。对于当事人的这种请求，如果人民调解委员会没有进行

慎重的审查，就会导致人民调解委员会的上述行为出现违法等情形，造成不利后果。

（二）对违背人民调解规范性的要求所导致风险的防控

因违背人民调解规范性的要求而导致的风险，决定了在人民调解过程中必须严格遵守规范性的要求。唯有如此，才能尽量避免出现纰漏。这意味着人民调解的规范性要求是人民调解工作风险防控的基本前提，只有严格按照人民调解规范性的要求进行人民调解，才会将人民调解中的风险降到最低，甚至避免风险的产生。

1. 坚决做到不违法调解

不违法调解是人民调解的最基本的原则。不违法调解首先要求人民调解员在符合法律规定的前提下进行调解，即立足于法律进行调解。不违法调解其次要求人民调解员在法律的范围内及在没有法律规定的情况下按照政策、社会公德去调解。这是人民调解员防范调解风险和自我保护的有力保障。人民调解员只有不违法，才不会被纠纷当事人找到指责的理由。即使纠纷调解的结果不符合纠纷当事人的预期，纠纷当事人也基本上能接受，找不到反悔的借口。

首先，人民调解员要按照法律规定的调解范围进行调解，不属于法律规定的调解范围的，人民调解组织则不参与。其次，调解的过程要符合程序性的规定。例如，告知纠纷当事人的权利义务、告知纠纷当事人人民调解协议的性质。这样才能保证纠纷当事人遵循本意作出选择，才能保证调解获得纠纷当事人的认可。最后，调解的结果要符合法律的规定，即人民调解员要按照法律的要求对纠纷作出处理。调解的结果如果违背了法律的规定，必然导致调解不成功。

不违法调解一方面要求人民调解员严格按照《中华人民共和国人民调解法》及相关的法律、法规、政策、社会公德去调解，特别是要严格按照人民调解的规范性要求去调解，不能疏忽。另一方面也意味着人民调解员要拒绝纠纷当事人的违法要求。按照纠纷当事人的违法要求去调解不但导致调解无效，浪费人民调解的资源，有损人民调解的形象，还会给人民调解委员会、人民调解员带来风险。

2. 认真、准确核实纠纷当事人，避免缺席调解

按照《中华人民共和国人民调解法》的基本规定，人民调解要遵循自愿原则，而且这种自愿原则要贯穿于人民调解的始终。要体现这种自愿原则，就必须保证真正的纠纷当事人自始至终参与到调解中来，从而避免纠纷当事人的利益受损。要做到这一点，就需要人民调解员在调解纠纷前核实好纠纷当事人的身份。这主要是针对人民调解员工作过程中纠纷当事人不到位的风险防控。

严格核实纠纷当事人的身份资料，一是要核实好是不是所有的当事人全部到场参与人民调解；二是要核实好参与人民调解的纠纷当事人是不是真正的纠纷当事人。人民调解员通过这两个步骤的核实最终确认纠纷当事人有没有遗漏、确定所涉纠纷的有关人员是不是合法主体，避免因出现遗漏纠纷当事人的情况及与纠纷无关人员参与纠纷的情况而给人民调解工作造成困扰。人民调解员要做到这两点，一般应通过纠纷当事人出具身份证、由有关权威机关出具证明的方式来进行。如果纠纷当事人无法由有关权威机关出具证明，人民调解员至少应要求纠纷当事人自行作出承诺，承诺其身份的真实性及没有隐瞒有关纠纷当事人，否则要承担对其不利的后果。例如，人民调解委员会在调解继承纠纷时，对确定死者的法定继承人身份的材料审查，首选由公证处认定法定继承人名单，这样法定继承人身份的真实性、有效性在一定程度上可以得到保障。若当事人只能提供死者所在单位、居（村）委会所出具的继承人名单等材料时，还须由纠纷当事人自行承诺其真实性，签署相关承诺书。

值得特别指出的是，准确核实纠纷当事人还包括要核实好纠纷当事人是否存在精神健康状况、性格等方面的问题，如纠纷当事人是否患有精神病、性格偏激等。如果存在这些情形，可能导致纠纷当事人本人出现意外事故、纠纷当事人不配合调解以及危及人民调解员的安全等风险，因此这方面也需要引起人民调解员的注意，人民调解员应做好核实工作。

如果有代理人参与人民调解的话，人民调解员还要准确核实纠纷当事

人的代理人的身份。人民调解员对民事纠纷的调解，一般要求纠纷当事人必须全部到场，尤其是涉及法定继承人的继承纠纷，应要求死者方享有继承权的家属全部到场。只有这样征求所有纠纷当事人的意愿，明确对纠纷的处理方式和处理结果，才能保证对纠纷的处理方式和处理结果是按照当事人的意愿进行的。如果纠纷当事人的确有特殊情况不能全部到场，则必须委托代理人参加并且由代理人出示授权委托书。在这种情况下，人民调解员就要准确核实好纠纷当事人的代理人的身份，主要是认真核对代理人的身份证件、授权委托书等材料，审核授权委托书是否真实有效、授权范围是否明确等，以便确定调解参加人享有的明确授权及权限范围，避免日后纠纷当事人对调解协议提出异议，特别是像继承纠纷，如继承人无法到场还需由被委托人出示特别授权委托书。

3. 重视调查工作，准确查清纠纷事实

根据人民调解的有关规定，人民调解委员会进行纠纷有关事项的处理应当在查明事实、分清是非的基础上开展。要查明事实、分清是非，就必须对纠纷进行调查。没有调查就没有发言权，调查工作是进行人民调解、处理纠纷有关事项的基本前提。要想解决好纠纷，要想处理好纠纷的有关事项，就需要通过调查，形成对纠纷真相的正确认识。

进行调查也是防范风险的重要手段。人民调解委员会通过调查了解清楚有关纠纷的所有事项后，可以避免出现遗漏纠纷当事人的风险，可以判断纠纷当事人的请求是否合法，避免出现违法的处理结果。例如，纠纷当事人要求出具关于出售宅基地房屋的调解协议，在不清楚达成协议的情况下、在不确定是否违法的情况下，轻易地满足其请求，就会酿成不良后果。而通过调查，弄清事实的真相，就会避免违法结果的发生。因此，调解或处理纠纷的有关事项，需要摸底调查，弄清基本情况。

二、纠纷当事人或和纠纷有一定关系的人的非理性行为所导致的风险及防控

（一）纠纷当事人或和纠纷有一定关系的人的非理性行为所导致的风险

纠纷当事人或和纠纷有一定关系的人的非理性行为所导致的风险主要

表现在虽然纠纷当事人都是自愿调解，但有些时候如果调解不能达到纠纷当事人的预期，纠纷当事人或和纠纷有一定关系的人就会呈现出一种非理性的状态，即对调解结果不认同、对调解工作抵触、对调解员不满甚至危及调解员的安全，有些纠纷当事人还可能提出一些违法的要求。

1. 质疑调解

纠纷当事人或和纠纷有一定关系的人质疑调解的结果是基本的风险表现。尽管人民调解员在调解时能够按照人民调解的原则、程序等要求去调解，而且调解的结果也是公正的，但有些时候纠纷当事人或和纠纷有一定关系的人仍会对调解结果质疑，不服从、不履行调解结果，甚至会认为调解不公正而进行投诉、信访等，这对人民调解工作造成了不良的影响。

2. 抵触调解

在人民调解过程中，当事人对人民调解工作产生不信任或抵触情绪也是一种风险的表现形式。任何纠纷当事人在调解过程中都想争取利益最大化，也希望人民调解员能够满足其对利益的期待。但如果在调解过程中，人民调解员的调解工作没有顺从纠纷当事人，不符合纠纷当事人的要求，或者依法调解的结果难以符合纠纷当事人的意愿，甚至与纠纷当事人的期望相差甚远，那么这就可能导致纠纷当事人不相信调解，甚至不配合人民调解员，产生抵触心理。

3. 指责调解员

这种风险表现为纠纷当事人指责人民调解员调解不尽力。在纠纷调解过程中，如果人民调解员的调解达不到纠纷当事人的预期，纠纷当事人就会质疑人民调解员的调解工作。特别是在有些损害赔偿纠纷中，由于有的纠纷当事人不懂得损害赔偿的计算方法，为了尽早了结纠纷而无奈地同意以较低数额接受赔偿，或者人民调解员在依法调解的前提下，纠纷当事人也只获得了较低数额的赔偿，纠纷当事人就认为人民调解委员会、人民调解员没有尽力为其争取权益或认为人民调解委员会、人民调解员在调解过程中偏袒对方当事人，从而使自己只获得较低数额的赔偿。因此，一些纠纷当事人在达成协议或对方履行赔偿后又以各种理由反悔。

4. 危及人民调解员人身安全

目前在人民调解过程中危及人民调解员人身安全的现象很少了，但人民调解员在调解纠纷的过程中面对的是有不同利益诉求的纠纷当事人，面对以人为对象的纠纷的调解，其复杂性不言而喻。人民调解员不但需要使纠纷得到解决，更需要使纠纷当事人认可。这实际上是需要做到人的解决和事的解决的统一。如果只是事情解决了，而当事人不接受，实质上意味着事并没有解决。当纠纷当事人不接受调解结果时，轻者不再调解，重者对人民调解委员会、人民调解员不满，进而情绪过激与人民调解员发生冲突，危及人民调解员人身安全。

人民调解员在对纠纷当事人运用说服、教育等方式进行调解的过程中，有时也会出现因纠纷当事人对人民调解员不满而情绪过激进而危及人民调解员人身安全的情形。特别是在突发性、群体性等复杂的纠纷中，纠纷当事人更容易情绪过激而导致矛盾激化，从而危及人民调解员人身安全。

5. 调解协议达成后纠纷当事人反悔、不履行调解协议

根据调解成功率的数据，大多数纠纷调解后，纠纷当事人都能够自觉履行调解协议，但仍会有纠纷当事人在达成调解协议后反悔、不履行调解协议。如果纠纷当事人反悔、不履行调解协议，在一定意义上说明对该纠纷的调解前功尽弃。

（二）对纠纷当事人或和纠纷有一定关系的人的非理性行为的风险防控

1. 人民调解员在人民调解过程中尽量做到考虑周全，做好解释工作

在人民调解过程中，人民调解员首先要做到对有关人民调解的事项考虑周全，特别是与纠纷当事人有关的事项更要考虑周全。例如，人民调解员在人民调解过程中要告知纠纷当事人的权利、义务，要向纠纷当事人讲解人民调解协议的效力等。只有这样，才能让纠纷当事人感到人民调解员的真诚。纠纷中涉及纠纷当事人利益的事项，人民调解员更是不能大意，一定要维护好纠纷当事人的利益。例如，在损害赔偿纠纷中人民调解员要尽量通过权威机构鉴定责任和赔偿金额，要向纠纷当事人提供有关鉴定责

任和赔偿金额的权威的、纠纷当事人容易接受的凭证，避免引起纠纷当事人的质疑。如果纠纷当事人仍然存在质疑，人民调解员还要想办法引导纠纷当事人接受上述认定，如引导当事人通过咨询律师、法官、朋友、老乡等，接受人民调解员的认定。又如，在伤亡赔偿纠纷中人民调解员要告知死者家属所领取的赔偿（补偿）款须分配给所有继承人。也就是说，人民调解员对纠纷的调解考虑得越周全，纠纷解决得也就越彻底，就越不会留下“后遗症”。因此，人民调解员要本着“以人为本”的思想，多从纠纷当事人的利益、感受去考虑，尽量为纠纷当事人着想。人民调解员的调解态度要认真（做好调解过程中的各项工作，包括过程要规范，特别是要坚决做到不违法），要尊重纠纷当事人的权利。只有这样，人民调解员才会赢得纠纷当事人的信任，调解工作才会让纠纷当事人满意。

如果人民调解员按照规范性的要求进行了调解，而纠纷当事人仍然质疑调解结果，或者因调解结果达不到预期而对人民调解员不满，或者指责人民调解员调解不尽力，或者对人民调解工作产生不信任或抵触情绪，那么人民调解员首先要做的是对纠纷当事人尽量做好解释工作。人民调解员应解释清楚其确实是按照规范性的要求去调解纠纷的，解释好人民调解员是站在中立的立场去调解的，让纠纷当事人感受到人民调解员确实是为他们着想。必要时，人民调解员可以通过相关的文书材料及视频、录像资料等解除纠纷当事人的误解。当事人对纠纷中一些不理解的问题，人民调解员更是要做好解释工作。例如，对纠纷当事人的责任承担问题、对损害赔偿纠纷中的赔偿数额计算问题等，人民调解员要在调解的过程中，在认真分析纠纷的基础上，提供详细的法律依据，向纠纷当事人做好细致的解释工作，即解释法律规定，解释为什么这样确定责任和赔偿数额等。人民调解员以此让纠纷当事人明确纠纷中的法律规定的责任承担问题，让纠纷当事人明确如何根据损害赔偿计算标准计算出依法应该赔偿的数额，最终让纠纷当事人相信人民调解员的认定是客观、公正的，从而接受调解。总之，人民调解员要尽量通过解释工作消除纠纷当事人的负面情绪。

人民调解员要尽量通过解释工作取得纠纷当事人的理解，从而尽快化解纠纷，防止出现互相扯皮、旷日持久的情况。特别是当纠纷当事人双方之间的要求差距较大时，人民调解员更要尽量通过解释工作减少纠纷当事人不切实际的预期设想。必要时，人民调解员可以通过“背对背”的调解方法，对纠纷当事人做好说服动员工作，尽力缩小纠纷当事人双方要求的差距。如果双方始终无法达成一致意见，人民调解员可以及时指引纠纷当事人寻求法律途径解决纠纷。

如果人民调解员在纠纷的调解过程中确实存在不应有的差错，更要向纠纷当事人做好解释工作。人民调解员要勇于承担责任，取得纠纷当事人的谅解，必要时可以通过重新调解弥补调解中的漏洞。

2. 采取安全措施，理性进行调解

尽管随着人民调解立法和人民调解制度的完善，人民调解员在人民调解过程中遭受人身危险的可能性已经降低，但人民调解员在人民调解过程中遭受人身安全的风险仍不能避免。为此，除了国家进一步加强对人民调解员的保护外，人民调解员要善于通过一定的措施保护自己。

第一，在人民调解室调解纠纷时，人民调解组织要增强安检意识，完善安检设施，尽量避免纠纷当事人携带有可能危及人民调解员人身安全的器具。同时，人民调解室有关设施的安排也要尽可能地考虑能够防止纠纷当事人的过激举止危及人民调解员的人身安全。

第二，人民调解员在调解纠纷的过程中要尽心调解，但也要量力而行，能做的才做，不能硬干。例如，针对突发性、群体性纠纷的调解，人民调解员就不能个人逞一时之勇，不分形势地孤身介入调解，要寻求党和政府的支持，否则就容易被纠纷当事人的过激行为伤害。

第三，如果纠纷当事人情绪激动，不能平静下来理性对待调解，人民调解员就不能盲目调解。人民调解员要避其锋芒，尽量采取疏导措施，安抚当事人的情绪，同时做好预防措施，防止矛盾的激化。《中华人民共和国人民调解法》第二十五条也明确规定：“人民调解员在调解纠纷过程中，发现纠纷有可能激化的，应当采取有针对性的预防措施；对有可能引起治安案件、刑事案件的纠纷，应当及时向当地公安机关或者其他有关部门报告。”

第四，人民调解员要寻求有关部门的支持、协助，尽量联合调解。处在社会转型期的矛盾纠纷大多是复杂的纠纷，远非凭借某一人民调解员的力量就可以解决的。因此，针对复杂的民间纠纷，如果确实不是凭借某一人民调解员的个人力量就能解决，人民调解员一定要寻求有关部门的支持、协助，尽量联合调解。

第五，如果确实存在可能危及人民调解员人身安全的情形，人民调解员可以中断人民调解，待危及人民调解员人身安全的情形消除后，再恢复人民调解。

三、人民调解文书材料导致的风险及防控

（一）人民调解文书材料导致的风险

人民调解员没有按照人民调解文书的规范格式做好调解文书、人民调解文书材料与内容不完整是人民调解文书材料导致风险的主要表现形式。2010年12月，司法部《关于印发人民调解文书格式和统计报表的通知》进一步明确了人民调解文书的类型、格式和卷宗装订要求。但现实中仍存在着调解时不携带空白文书，纠纷调解后补填、补写文书及调解文书的文字表达不妥当等问题①。有的人民调解员甚至没有制作调解文书或虽然制作了调解文书，但调解文书记录不详，无法核查调解过程。在这种情况下，往往无法还原人民调解的有关过程，最终导致不能核查有关事项，如证据是否合法、调解过程是否合法等。当纠纷当事人提出异议、不服调解，甚至提出不合理的要求时，调解组织往往无法进行有力反驳，结果会处于被动的局面。

（二）对人民调解文书材料存在风险的防范

1. 及时、正确、完整、详细地做好人民调解文书材料，形成完整的调解档案材料

完整的调解档案材料是包括人民调解文书在内的、所有反映某纠纷的

---

① 卢燕. 人民调解文书存在的问题与规范对策：以云南K市为例［J］. 淮北职业技术学院学报，2015（2）：100-101.

文字材料、视频资料等。完整的调解档案材料是记载了人民调解从受理到协议履行、调解回访的人民调解全过程的各种材料。各方通过完整详细的人民调解文书，可以核实人民调解的全过程，核查人民调解的所有情况，包括对纠纷当事人身份的审查、代理人身份的审查、有无违法受理人民调解、人民调解有无遵循人民调解原则、人民调解过程是否合法等，借以判断人民调解有无差错。完整的调解档案材料特别是能够有效地防范前面提及的一些风险，如纠纷当事人或纠纷中的有关人员对调解结果质疑、纠纷当事人指责人民调解员调解不尽力、纠纷当事人认为人民调解员偏袒对方当事人等。这些情形都可以通过人民调解文书等材料予以核实、查证。当然，这一切都建立在调解档案材料建立及时、正确的基础上，否则调解档案材料不会被认可。

完整的调解档案材料实际上是对人民调解员的调解的基本要求，可以保证人民调解员在进行人民调解时尽职尽责。同时，完整的调解档案材料可以避免人民调解员在核实纠纷当事人的身份时由于疏忽而造成对纠纷当事人的遗漏。完整的调解档案材料意味着调解档案材料非常齐全，当出现被投诉、信访的情形时，人民调解员完全可以依据档案进行核查、回复。

因此，人民调解员在人民调解的过程中，必须完整详细地做好调查笔录、调解笔录等人民调解文书材料。如果条件许可，人民调解组织应投入经费改善人民调解的条件，在人民调解场所安装录音、录像设备，记录调解全过程，这样能够更真实地还原调解的全过程，更有效地防范风险。

2. 充分利用人民调解文书材料，特别是做好人民调解协议书这篇“文章”

第一，既然人民调解文书材料可以反映人民调解的全过程，进而印证人民调解员的人民调解工作是否不违法，那么充分利用人民调解文书材料就非常必要了。可以说，大多数调解风险的防范都可以通过充分利用人民调解文书材料来实现。

在人民调解文书材料中，较重要的是调查笔录、调解笔录。这些材料能详细反映人民调解员调查、调解的全过程，可以对调查、调解的全过程进行还原。这样一方面可以促使人民调解员规范地进行调查、调解，如在损害赔纠纷中依法、客观地进行责任认定、确定赔偿金额；另一方面可以弥补一些可能的缺陷，如有些无法调查清楚的纠纷事实或有关事项，可以在调查笔录中强调让当事人保证意思表示真实，否则由其自身承担责任。对于纠纷当事人经过人民调解达成调解协议后，如果纠纷当事人反悔、不履行调解协议，也可以依靠调解笔录来解决。例如，人民调解员可以在调解笔录中明确反映“询问纠纷当事人人民调解所达成的协议内容是否为纠纷当事人真实意思表示，并告知纠纷当事人违反协议的法律后果”的内容。这样可以在一定程度上避免纠纷当事人反悔、不履行调解协议的风险。

第二，要做好人民调解协议书这篇“文章”。人民调解协议书是人民调解协议内容的载体，是纠纷调解后人民调解员制作的特殊“产品”。人民调解协议书能够通过规范性的制作清晰地反映对纠纷事实的认定、对纠纷当事人责任的认定、对人民调解最终结果的认定。这些认定同样可以客观地判断人民调解的有关事项，更好地防范风险。同时，人民调解协议书所具有的民事合同的性质，也能够纠正在人民调解过程中的一些风险。因此，借助人民调解协议书，是最终防范人民调解风险的有效手段。做好人民调解协议书这篇“文章”应注意以下两点。

一是要规范、完整地制作人民调解协议书。要想借助人民调解协议书防范人民调解的风险，必须规范、完整地制作人民调解协议书。人民调解员要按照人民调解书的制作要求，在正文中记载纠纷事实的认定、责任的大小、适用的法律、协议的结果等事项。此外，为避免前面提及的风险，人民调解员要在人民调解协议书中向纠纷当事人强调，让其保证调解各事项的真实性——包括纠纷当事人真实、纠纷当事人没有遗漏、当事人的要求不违法等，否则由其自身承担不利后果。对于协议内容涉及给付内容的，如支付赔偿金额，人民调解员要进一步明确违约及其他责任形式。例如，人民调解员可以在人民调解协议书中规定到期不支付赔偿金额，要另外支付××金额的违约赔偿金。这样，通过规范、完整的人民调解协议书的制作，可以避免纠纷当事人弄虚作假、轻易反悔、不履行协议，从而减少了一些不必要的风险。

二是要充分利用人民调解协议作为民事合同的性质，按照民事合同对有关事项进行处理。尽管《中华人民共和国人民调解法》与《最高人民法院关于审理涉及人民调解协议的民事案件的若干规定》相比，并没有规定人民调解协议具有民事合同性质，而是规定人民调解协议具有法律约束力，但它们的实质内容是相同的[①]。因此，人民调解员可以依据民事合同的理论处理人民调解协议。人民调解协议可能因为符合“当事人具有完全民事行为能力”“意思表示真实”“不违反法律、行政法规的强制性规定或社会公共利益”等有效要件而受法律保护，也可能因为出现“损害国家、集体或第三人利益”“以合法形式掩盖非法目的”“损害社会公共利益”“违反法律、行政法规的强制性规定”“人民调解委员会强迫调解”等情形而被认定为无效，还会因为出现“重大误解”“显失公平”“一方以欺诈、胁迫的手段或乘人之危，使对方在违背真实意思的情况下订立协议”等情形而被变更或撤销。

因此，不管是基于人民调解组织、人民调解员的过错，还是基于纠纷当事人及与纠纷有关的其他人员的故意行为，如人民调解员没有认真审查纠纷当事人而导致纠纷当事人不适合或遗漏、纠纷当事人以合法形式掩盖非法目的而导致人民调解员作出了错误的处理结果等，人民调解组织可以充分运用法律规定的协议无效、可变更、可撤销的制度，通过根据情况重新做好当事人的调解工作等途径予以纠正，从而降低风险。如果确实不能通过人民调解解决，人民调解组织还可以引导纠纷当事人寻求其他途径解决。

---

① 赵钢. 人民调解协议的效力辨析及其程序保障［J］. 法学，2011（12）：74-79.

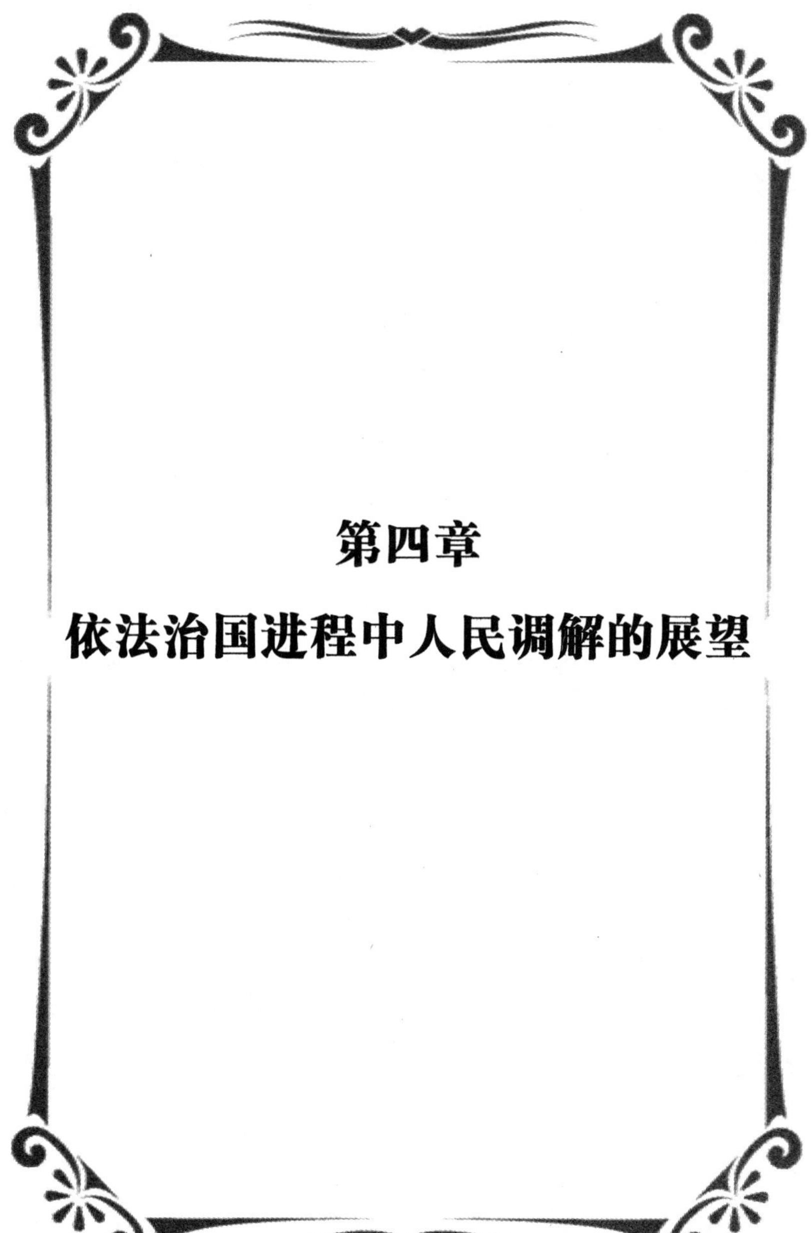

第四章

依法治国进程中人民调解的展望

第一节 大调解格局的构建[①]

毋庸置疑，我国社会转型所造成的社会结构深刻变动、利益格局深刻调整以及思想观念深刻变化，使得我国社会呈现出了矛盾日益复杂化等态势。面对这一严峻的社会现实，单一的人民调解、行政调解、司法调解等，已经难以承受其重，无法形成有效的化解社会矛盾的制度供给。这样在维护社会稳定、化解社会矛盾纠纷、促进社会和谐的总体要求下，以充分发挥人民调解的功能为基础、以整合各种纠纷解决机制为目的的大调解机制成为一种现实选择。围绕维护社会稳定、化解社会矛盾纠纷而运行的大调解机制不但从法律层面、政策层面上，而且从实践层面上得到了肯定。

从法律层面、政策层面上来看，国家积极倡导大调解机制。早在1999年召开的第四次全国人民调解工作会议上，司法部党组就提出了“调防结合，以防为主，多种手段，协同作战”的调解方针，这预示着大调解格局的孕育。2002年，《中共中央办公厅、国务院办公厅关于转发〈最高人民法院、司法部关于进一步加强新时期人民调解工作的意见〉的通知》进一步提出：“要将人民调解工作与基层民主政治建设相结合，与社会治安综合治理相结合，与人民来信来访工作相结合，使人民调解工作在社会主义民主法制建设中发挥更大的作用。”这意味着大调解格局的彰显。2005年12月5日，中共中央办公厅、国务院办公厅转发的《中央政法委员会、中央社会治安综合治理委员会关于深入开展平安建设的意见》强调：“进一步健全矛盾纠纷排查调处工作机制、工作制度和工作网络……强化社会联动调处，将人民调解、行政调解和司法调解有机结合起来，把各类矛盾纠纷解决在当地、解决在基层、解决在萌芽状态。”这使大调解格局获得推广。2006年，党的十六届六中全会通过的《中共中央关于构建社会主义和

① 本部分曾发表于《安徽警官职业学院学报》2014年第1期，原文题目为《审视大调解》。原文有修改。

谐社会若干重大问题的决定》又特别强调："健全社会舆情汇集和分析机制，完善矛盾纠纷排查调处工作制度，建立党和政府主导的维护群众权益机制，实现人民调解、行政调解、司法调解有机结合，更多采用调解方法，综合运用法律、政策、经济、行政等手段和教育、协商、疏导等办法，把矛盾化解在基层、解决在萌芽状态。"这标志着大调解格局的具体化。随后，中央社会治安综合治理委员会 2007 年第一次全体会议更是明确指出："进一步完善党委和政府统一领导，政法综治部门牵头协调，职能部门共同参与，社会各方整体联动的矛盾纠纷排查调处工作格局……要充分发挥社会治安综合治理工作优势和基层组织的作用化解矛盾纠纷，建立健全人民调解、行政调解和司法调解相互衔接配合的大调解工作体系。"① 这表明大调解格局正式获得政策的明确。2007 年 7 月，全国社会治安综合治理工作会议进一步提出："着眼于从苗头上发现问题、从源头上解决问题，进一步整合基层维护社会稳定的力量，着力构建以人民调解为基础，人民调解、行政调解和司法调解相互衔接、相互补充的工作体系，综合运用法律、经济、行政等手段和教育、协商、疏导等办法化解社会矛盾。"② 这一情况说明了大调解的进一步强调、落实。此外，其他国家机关及地方政府和有关部门也相继提出了建立健全人民调解、行政调解和司法调解相互衔接配合的大调解工作体系。从实践层面来看，各地都在积极推进大调解机制建设。

大调解机制作为适应我国社会现实需要而出现的一种新型的、我国独创的纠纷解决机制，尚缺乏理论层面的共识和实践层面的娴熟运作，这就使得大调解机制的功效降低了。因此，为了使大调解机制的运行更好地维护社会稳定、化解社会矛盾纠纷，我们有必要深化对大调解机制的认识，通过对大调解机制理论层面和实践层面的进一步研究，形成对大调解机制的共识，进而提高大调解的整体功效。

---

① 中央社会治安综合治理委员会办公室. 中央社会治安综合治理年鉴（2007）[M]. 北京：中国长安出版社，2008：50.

② 中央社会治安综合治理委员会办公室. 中央社会治安综合治理年鉴（2007）[M]. 北京：中国长安出版社，2008：20.

一、大调解内涵的界定

实际上，大调解并不是一项法律制度或法律术语，也不是一个学术概念，而是基于我国调解实践，适应我国调解政策和法律的要求而催生的新生事物，是我国调解实践的产物——在我国调解实践过程中，基层机关针对调解的实际情况而形成的对调解类型的一种高度概括。应当说，大调解是为适应我国社会治理的需要及不断推动我国调解的社会功效而提出的一个概念。由于各地及不同部门调解的实践不同，对大调解的认识和理解也就不同，从而使得大调解并不是一个确定的概念。基于不同地方、不同部门对调解实践的不同理解，大调解也就具有了不同的表达，在使用上也并不统一。

首先，大调解有不同的立场解读。法院立场下的大调解包括对内和对外两个方面。对内是指全员、全程的诉讼调解，除法院自己的调解外，还包括委托协助调解。对外则是指诉讼调解与其他单位、其他调解的有效对接。司法行政机关立场下的大调解主要是指糅合了行政调解和其他民间调解力量的人民调解，强调的是人民调解的网络建设。党委立场下的大调解是指党政领导，政法综治部门牵头协调，司法部门指导，其他部门参与，各种手段相互配合、相互协调，纠纷排查和处理各种矛盾的机制。

其次，大调解有不同的规模考量。按照规模来界定，大调解有广义和狭义之分。狭义的大调解是指市、县、乡、镇近年来成立的调解中心。广义的大调解是指在党委、政府的统一领导下，由政府综合治理部门牵头协调，司法行政部门业务指导，调解中心具体运作，职能部门共同参与，整合各种调解资源，对社会矛盾纠纷的协调处理。其目的是将民间调解、行政调解、司法调解等其他各种调解资源整合在一起，把纠纷化解在基层①。

最后，大调解有实务部门的实践看法。实务部门从调解的运作实践出发，认为大调解是指在党委、政府的统一领导下，以人民调解为基础，实

---

① 章武生. 论我国大调解机制的构建——兼析大调解与 ADR 的关系 [J]. 法商研究，2007 (6)：111-115.

现人民调解、行政调解、司法调解、仲裁调解、有关行业协会调解以及社会专门组织参与的有机结合，从而形成社会各方力量共同参与、相互配合的大调解工作格局①。

如何界定大调解并不是一件简单的事情。因为从实践来看，大调解作为一种理论，涉及多种学科的交叉；作为一种制度，尚未形成统一的定型化的模式；作为一种地方性社会治理的试验，还在不断摸索、总结之中②。我们需要对大调解进行不同视角的语义解析。因此，学者吴延溢提出，对于大调解，在属性分析上，要做多元化描述；在模式识别上，要做动态把握；在制度建构上，是一个自下而上的渐变过程；在功能定位上，不仅是一种解纷技术的创新，更是一种社会治理策略的统筹安排；在研究方法上，不能局限于分析实证法学的规范探寻，而是要放眼于自然法学与社会法学意义上的论证③。

可见，大调解并不能只是进行形式逻辑的简单定义。事实上，大调解是针对单一化调解的困境而产生的，强调的是调解的多方参与、多种调解资源的整合。因此，大调解实质上表现为社会各方力量共同参与、相互配合化解社会矛盾的一种工作机制。不同地方都结合当地的社会需求和具体条件而采取了大调解的不同做法，并被认为形成了不同的大调解模式。其中，比较典型的包括山东模式、浙江枫桥模式、河北石家庄模式、武汉江岸模式、江苏南通模式和福建莆田模式等。这些不同模式赋予了大调解不同的内涵，分别表现为司法主导型、政府主导型和法院主导型，并且随着大调解的实践探索、实施和推广，大调解机制运作的深度和广度不断推进，并使得大调解实质不断获得充分演绎。同时，这种大调解的发展不但是调解本身的需要，更是政府有意识促成的结果，是适应社会复杂现状的社会治理安排。当然，这一结果的存在，突出表现为中国传统思想文化、

① 刘忠定. 构建大调解工作体系 为建设和谐社会服务［M］. //上海市高级人民法院，等. 纠纷解决：多元调解的方法与策略. 北京：中国法制出版社，2008：129.

② 吴延溢. 大调解：社会纠纷解决路径的制度创新［J］. 南通大学学报，2011（6）：47-53.

③ 吴延溢. 大调解：社会纠纷解决路径的制度创新［J］. 南通大学学报，2011（6）：47-53.

朴素的道德诉求、法治信仰的缺失、调解处置中国当代各类社会矛盾的现实需求的多元契合。

应当说，不管是对大调解采取何种解释，都具有“社会各方力量共同参与、相互配合化解社会矛盾”的共识，只是由谁主导有不同的理解和做法。从中国的社会状况和政治体制来看，政府具有明显的主导优势。事实上，大调解整体上都是政府大力推进的结果。如果调解最初是由司法行政机关主导的话，那么大调解的推进则彰显了政府的统筹安排。当然，人民调解仍然具有基础性的功效。这样大调解也就应当形成“在党委和政府的统一领导下，以人民调解为基础，实现人民调解、行政调解、司法调解等多种调解资源共同参与、相互配合、有机结合的大调解工作机制”的解读。上述法律和政策对大调解的强调也彰显了这一意思。

这样一种解读体现了鲜明的党政驱动的特点，同时表明了调解机构的综合性，形成了以人民调解为基础（主导）的多种调解资源的整合，并通过衔接机制充分发挥调解的功效，达到彻底解决社会纠纷、维护社会稳定、促进社会和谐的目的。当然，这样一种解读更强调以调解为中心的“大”的模式。有学者把这种“大”的意蕴表述为：治理能量大（党委和政府统一领导）、操作底盘大（调解过程几乎可以调动各种力量）、范围跨度大（纠纷范围广）、功能定位大（不限于严格意义上的人民调解）、手段强大（综合运用各种方式方法）、社会效应强大①。这种“大”总体上强调了纠纷解决资源的全面整合，不断把各种力量整合到一起，而且把各种调解方式整合成一个系统。各种调解制度都是这个系统中不可缺少的组成部分，并且既承担各自的调解职责，又通过有力的衔接，形成超越任何一个单个个体机制的功能，在做到信息通畅的同时，又对复杂纠纷协同作战，通过各种解决力量的整合，调动一切可用因素，采取综合手段把纠纷解决好。大调解既呼应了运用非诉讼纠纷解决机制解决社会纠纷的现实需求，也力图实现社会效果、法律效果和政治效果的统一。

---

① 吴廷溢. 大调解：社会纠纷解决路径的制度创新［J］. 南通大学学报，2011（6）：47-53.

二、我国大调解机制构建的必要性和可行性

(一) 我国大调解机制的构建是适应我国社会转型期解决复杂性和特殊性矛盾的需要

2008 年 11 月 22 日，国务委员、中央政法委副书记、中央综治委副主任孟建柱在全国地方新任综治办主任培训班座谈会上指出，当前我国正处于社会转型、经济转轨的历史时期。我国要用几十年的发展走完西方国家几百年走过的历程，这就决定了西方发达国家在不同的发展阶段渐次遇到的矛盾和问题，在我国这一发展阶段可能要相对集中地聚集起来①。这是对我国社会现状的恰当描述。

目前，我国的社会状况发生了巨大的变化。如果说我国改革开放前的社会表现为社会层次简单、利益主体单一、矛盾纠纷缓和的特点，那么随着改革开放的推进，我国社会发生了深刻的变化：社会层次结构越来越复杂化、利益主体越来越多元化、利益诉求越来越复杂化、矛盾纠纷越来越尖锐化。在人们思想意识不断觉醒、权利诉求不断强烈的大趋势下，社会摩擦、碰撞也就成为必然，纷繁复杂的社会矛盾也就难以避免。在一定时期，一定范围内，我国社会正面临着社会冲突的积聚和爆发。这种社会冲突的积聚和爆发，不但影响着社会的稳定，还导致干群关系紧张，更造成了对执政党执政能力的考验。如果处理不当，其后果难以想象。

虽然人民调解仍在我国纠纷解决机制中起着不可替代的作用，但其面对带有复杂性和特殊性矛盾的社会转型期，已难以承受社会维稳之重。这主要表现为两个方面：一是人民调解自身的力量难以应对复杂、尖锐的社会冲突。面对主体和利益多元的，特别是突发的纠纷，人民调解独力难支。二是人民调解制度本身并不足以使人民调解维持旺盛的生命力。由于人民调解的自治性，特别是人民调解协议的效力低下，人民调解缺乏对纠纷当事人的较强的约束力，人们对人民调解的认同度也越来越低。人民调

① 孟建柱：充分发挥人民调解组织作用[EB/OL].(2013-08-30)[2018-08-16]. http://cpc.people.com.cn/cunguan/n/2013/0830/c64094-22745506.html.

解陷入一种困境。现实是，人们虽然需要人民调解解决纠纷，但更需要强有力的纠纷解决机制。面对这种需求，我国政府对传统的社会治理模式进行创新，促成了渗透着国家权力、整合了各种调解资源、推动着社会各方积极参与的大调解机制的推广。这样一种机制，既增强了国家的稳定，也提高了解决纠纷的力度，能够更好地应对社会矛盾的复杂性和特殊性，实现了国家、社会、公民的多方共赢。

（二）我国大调解机制的构建是顺应法治发展的需要

法治作为社会的衍生物，已经成为人类管理社会的一种选择，更是人类实现权利的保障。但这种共识并没有形成对法治内涵的统一认识，以致法治也存在不同的实践运作。但无论如何，人们对法治的理解都蕴含着法律至上、司法独立、诉讼的最终裁决思想。

法治同社会的发展一样，也是处于发展变动过程中的。法治只有实现与社会变迁的交互融合，才能保持强大的生命力。社会矛盾的凸显和尖锐对诉讼造成了挑战，依赖诉讼解决矛盾的法治传统陷入了困境。这意味着，法治信仰法律，但不能将法律作为唯一；法治强调司法正义，但司法并不是解决纠纷途径的全部。于是，面对社会变迁的考量，法治就又被赋予了新的内涵。早在20世纪，西方法治就丰富了法治的内涵，通过司法改革，确立了各种非诉讼纠纷解决机制。各种非诉讼纠纷解决机制的确立，既实现了法治理念的创新，又顺应了时代精神的要求，使人类以一种相互尊重和宽容的状态从对抗走向协商。因此，各种非诉讼纠纷解决机制作为法治发展的一种趋势，获得了人类社会的认同并被广泛推广。各种非诉讼纠纷解决机制也进入了法治轨道上来，成为法治的不可分割的组成部分，推动了法治的可持续发展。

大调解作为非诉讼纠纷解决机制的一种，有着西方国家非诉讼纠纷解决机制所不具有的优势，自然应成为解决社会冲突的有利选择，成为我国法治的新的组成部分。我国著名学者苏力曾指出，大调解更注意综合利用当代中国解决纠纷的各种制度资源，它比ADR或替代性纠纷解决方式等说法更朴实和简短，容易为普通中国人所理解①。

可以说，大调解顺应了替代性纠纷解决机制的世界潮流，更是我国法治发展的需要。我国在法治的发展道路上历经时间短且较为曲折。就纠纷解决机制而言，我国先后经历了法治初期的重调解轻诉讼、改革开放后的重诉讼轻调解、现在的诉讼调解并重三个阶段。当前，我国更在调解的"大"字上寻求突破，形成了大调解的工作格局。

（三）我国大调解机制的构建是缓解法院压力的需要

前文已经提及，改革开放后我国处于重诉讼轻调解阶段。这主要源于当时普遍认为法治就是发挥法院的作用，强调将一切矛盾纠纷都交给法院去解决。为此，我国进行了司法体制的改革，实现了法官的职业化和专业化。但这一做法并没有实现预期的效果，反而使得大量的案件都积压在法院。这样一种结果，再加上延期审判等因素的影响，造成了我国法律权威缺失、法院威信降低、法院裁判效力低下等诸多的负面影响。法院面临着诉累和遭受质疑的双重压力。

法治的发展实践已经证明了诉讼并不是解决纠纷的唯一途径，法治也并不能只是偏重诉讼。针对我国司法体制改革带来的问题，寻求诉讼以外的途径来解决社会纠纷变得尤为重要。借鉴西方多元化纠纷解决机制的思路，吸收我国传统的优秀因素，调解成为恰当的选择。在社会矛盾不断复杂化的今天，进一步整合调解优势，形成大调解格局，更是必然选择。

大调解的推广，一方面缓解了司法资源的不足，另一方面弥补了司法权的局限性。就缓解司法资源的不足而言，通过大调解，大量的纠纷在诉讼前就得以解决，不必再经过诉讼阶段，从而使法院受理案件的数量大大减少。实践证明，大调解的推广使人们对于自己权利的救济不再局限于诉讼，而有了更广泛的选择空间，也实现了案件的分流，缓解了法院的工作压力。就弥补司法权的局限性而言，诉讼并不能绝对地实现公正，排除司法不公、司法不独立等因素，就是法律本身也存在难以消除的缺陷。因此，纯粹靠司法诉讼解决纠纷、实现正义只是一种理想。大调解所蕴含的

---

① 苏力. 关于能动司法与大调解［J］. 中国法学，2010（1）：5-16.

自治属性决定了依赖大调解解决纠纷能够最大限度上达到各方当事人满意的结果，从而能够最大限度上实现纠纷处理结果的公正性、彻底解决纠纷。这一方面实现了司法权所实现不了的效果，另一方面又会促进司法正面形象的树立。

（四）我国大调解机制的构建的可行性：我国有深厚的调解文化和丰富的调解资源

当然，大调解能在我国推进，是因为我国有适合大调解生存和发展的土壤，即我国有深厚的调解文化和丰富的调解资源。

我国首先有着深厚的调解文化。早在原始社会，我国就有了调解的痕迹。特别是我国历经 2 000 多年的儒家思想的熏陶，调解成为我国传统文化的重要组成部分，人们对调解有着高度的认同感。再加上我国古代社会的制度安排，人们对于纠纷多倾向于调解结案。当然，人们倾向于调解也是基于中国传统文化的熏陶，即中国传统社会的调解，不论是民间调解，还是官批民调或官府调处，尽管形式各样、程序不一，但无不贯穿着大致相同的原则和精神。其中之要者有“息事宁人”（或称为“息讼”）原则、道德教化原则以及和谐精神[①]。

尽管调解在中国历史发展中有起有伏，但直至今日，中国人对调解一直有着深深的依赖，调解并没有因社会法治的现代化而淡化，在我国乡村社会尤为如此。可以说，从“和为贵”“以德服人”到“调解优先，调判结合”；从我国古代民间“排难解纷”“止讼息争”的优良传统到马锡五审判方式、陈燕萍工作法；从宗族调解到民间调解；从民间调解到人民调解、“大调解”、法院调解，数千年的传承、融合，形成了深厚的调解文化底蕴[②]。调解文化深深根植于大众心中。当法治所倡导的诉讼难以满足人们的需求，特别是给人们带来失望时，调解更具有了不可掩盖的魅力。

到目前为止，我国已经具有了丰富的调解资源。这不但表现为人们具

---

① 胡旭晟，夏新华．中国调解传统研究——一种文化的透视［J］．河南省政法管理干部学院学报，2000（4）：20-35.

② 刘宝林．民间调解的历史沿革及其文化成因［EB/OL］.（2011-04-26）［2018-08-16］. http://sxfy.chinacourt.org/public/detail.php? id=18739.

有了强烈的调解意识，更表现为我国已经存在着多种形式的调解组织和类型、调解经验以及调解的法律、政策。首先，我国目前有着良好的调解气氛，形成了强烈的调解意识。强烈的调解意识使得我国从政府到社会、组织、公民都积极推进调解的建设。其次，我国已经存在着多种形式的调解组织。例如，从人民调解组织来看，我国已经形成了比较健全的调解网络，出现了以乡镇一级为中心、向上和向下进一步延伸而“横向到边，纵向到底”的大调解网络格局[①]。同时，不同类型的调解也不断出现，人民调解、行政调解、司法调解、仲裁调解、消费者协会调解等已经成为常见类型。再次，我国有着丰富的调解经验。在我国，不同的调解组织在长期的调解工作中积累了丰富的调解经验。其对调解有着深刻的认识，能够了解纠纷的各种规律，能够针对不同的纠纷采用不同的调解方法，能够把握调解的方向。最后，我国有着相对完善的调解法律、政策。从宪法到法律，从法律到法规再到政策，我国对调解的相关规定已经相对完善。这些法律、政策对调解的推动提供了极大的助力。

丰富的调解资源不但能够形成对调解的全方位的展现，更容易形成调解的合力，促进调解资源的整合。一旦重新对这些调解资源优化组合，就会实现调解的功效最大化。

三、我国大调解机制存在的正当性

我国大调解机制的推广，并不仅仅在于它有必要性和可行性，更在于它有存在的正当性。这种正当性取决于调解基于自治、自愿能够实现正义的本质属性，从而使以调解为本源的大调解得到了人们的认同，获得了存在的价值支撑。

（一）我国大调解机制符合维护社会稳定、构建和谐社会的内在诉求

维护社会稳定、构建和谐社会是对我国社会现状的回应。最初，人民

① 从各地的调解组织的构建来看，各地都试图构建完善的调解网络。最健全的调解网络表现为以乡镇调解组织为中心，向上延伸到县（市、区）调处中心、省辖市调解工作联席会议制度，向下延伸到村（居）调委会、调解小组、调解信息员（联络员）。

调解担负着这一重任。其原因在于“以和为贵”的传统文化包含的息讼、止讼思想，使得注重调解成为中国的特色。因为调解强调的是以当事人基于自愿所达成的合意作为纠纷解决的结果。这就使得当事人的对抗性减弱甚至消除，特别是能够弥合情感的冲突、构建和谐的人际关系。因此，人民调解就成为维护社会稳定、构建和谐社会的重要途径。

应当说，近年来，我国的人民调解制度为避免和减少社会冲突的集聚与爆发、为维护社会秩序稳定所发挥的作用是非常大的。即使现在我们仍不能忽视人民调解的作用，人民调解仍肩负着“社会减压阀”的责任。美国学者吉尔伯特·罗兹曼曾这样评价过我国的调解现象：“中国在旧社会形成过这样一种传统，不大的纠纷基本上寻求法律以外的途径来解决，这种特点很切合社会实际，不仅花费低廉，而且行之有效，这些非法律化的社会手段在维持社会价值以消弭冲突的同时，就为乡村社会提供了这种价值的行为准则。”①

随着社会变革的不断加剧，我国的社会状况变得更加复杂。这就使得人民调解也面临着困境和危机，即人民调解已经难以适应解决日趋复杂的纠纷的要求。人民调解所蕴含的维护社会稳定、构建和谐社会的功能需要进一步强化。因此这就需要寻求比人民调解效果更优的调解途径，大调解机制使应运而生了。

大调解机制以人民调解为基础，仍维持了调解的属性和功能，但同时又实现了多种调解资源的整合。这样通过发挥多种调解资源的优势，纠纷可以得到更有力的解决，当事人能够得到公平合理的解决结果。可见，大调解机制既满足了社会整合的需求，也能够通过公平合理的调解使得纠纷各方消除冲突，使社会秩序趋于稳定，使人际关系趋向和谐。

（二）我国大调解机制符合利益诉求和正义的价值追求

大调解机制之所以在人民调解的基础上获得推广，是因为大调解机制仍保有了人民调解的优良品质。也就是说，大调解机制仍然满足了纠纷当

---

① 吉尔伯特·罗兹曼. 中国的现代化［M］. 国家社会科学基金“比较现代化”课题组，译. 南京：江苏人民出版社，1988：231.

事人的利益诉求，符合正义的价值追求。

大调解机制以人民调解为依托，这决定了大调解机制的存在要满足纠纷当事人的利益诉求。大调解机制延续了人民调解的功能，要为纠纷当事人提供权利救济途径，尽量实现纠纷当事人正当的利益诉求，以弥补诉讼、法律的不足。这是因为大调解机制能够以实现纠纷当事人正当的利益诉求为工作要旨，如此才获得了人们的认可和肯定。事实上，各地推广大调解机制总体上就是为了给纠纷当事人正当的利益诉求提供更有力的、快捷的权利救济途径，使纠纷当事人正当的利益诉求能够尽快得到满足。

除此之外，大调解机制还蕴含着正义的价值追求。大调解机制按照人民调解的本质要求，尽量尊重当事人的意愿，不胁迫当事人，通过对当事人的依法调解、情理结合，使当事人心悦诚服，做到案结事了。这样的一种过程和结果，很显然体现了正义，这才使当事人接受了纠纷的处理结果。此外，大调解机制也凭借其高效率、遵循平等原则、不以公权力的介入影响调解而实现了诉讼所不能实现的正义。

四、我国大调解机制的现状

我国的大调解可以说已经在全国各地全面铺开，并且各具特色，成效显著，整体上维护了社会的稳定①。我国的大调解机制不但表现为对调解功能的肯定，更是证明了对调解的重视和实施力度。大调解机制在我国有着适宜生存的土壤，顺应了我国解决社会矛盾纠纷、构建和谐社会的时代要求。实践证明，大调解通过党委和政府的支持、各种调解资源的整合，解决了大量的矛盾纠纷，有力地促进了社会的稳定与和谐。但我们同时也要看到，大调解作为新生事物，在发展过程中并非尽善尽美，仍存在着诸多值得深思的地方。

---

① 周余晖通过对涉及大调解内容的检索，认为截至2011年3月1日，大调解模式已经在全国各省（自治区、直辖市）都全面展开了。自推行大调解以来，法院的调解效果明显，调解结案率、调解成功率都很高（周余晖. 论三大调解的有效衔接——以我国“大调解”模式为背景[D]. 北京：中国政法大学，2011）。

（一）大调解机制的行政化，造成对自发秩序生存空间的挤压，背离了调解的本质属性

很明显，作为在党委、政府领导下的大调解机制，带有浓厚的行政色彩。当然，这样一种现状是有其存在的合理性的。政府主导的社会状态，社会自治的能力比较弱，自我消解社会纠纷的能力也就相对低下。简单的纠纷可以自我消解，而疑难、复杂的纠纷则难以应付，就必须借助权威性的机构来应对。大调解机制由于获得了党委、政府的支持，在调解过程中总是渗透着行政权力的信息，自然就带有行政权力的光环，也就是带有权威性。这恰恰能取得带有权力情结的人们的信任和认同。人们往往希望借助这种权威性的机构来使自己的诉求得到满足，而这种权威机构也能够凭借这种权威使纠纷得以容易解决。

正是这种行政化下的权威性，造成了对自发秩序生存空间的挤压，背离了调解的本质属性。大调解容易造成对当事人意志的一种压迫，使得自愿成为一种奢侈。因此，有人认为，大调解以强大的行政权力的威慑力量为后盾，合意的自愿性不能不受到怀疑，极易出现合意的贫困状况[①]。自愿的缺失容易导致纠纷结果的公正性的缺失，甚至难以实现案结事了。

调解本身决定了其私力救济的属性，而且正是这种私力救济所具有的某些优势才使得调解具有存在的空间，并使其成为与诉讼截然不同的纠纷解决机制，弥补诉讼的不足。带有公力救济因素的大调解容易使调解的本质属性发生改变，从而危及调解的正当性基础。当大调解机制偏离调解的正当性时，大调解机制就难以以当事人的权利救济为价值取向，只能转化为一种维稳的工具。这就完全偏离了调解的初衷，并冲击多元化纠纷解决机制的理想设计。因此，要实现社会矛盾的理性解决和化解，应该使纠纷解决问题逐步回归社会自身，主要依靠社会自组织力量，配合多元化纠纷解决机制来消解，[②] 实现调解的最大价值。

---

① 李光辉，孙永军．关于大调解之法理思考［J］．汕头大学学报，2002（3）：46-52.

② 吴英姿．“大调解”的功能及限度——纠纷解决的制度供给与社会自治［J］．中外法学，2008（2）：309-319.

（二）实践中的差异性，造成了大调解的多样化，导致了大调解的混乱

从前文提及的不同的大调解的模式来看，各地的大调解各具特色，一方面体现了不同调解资源的整合，另一方面形成了不同的类型。不同的大调解的实践形成了大调解的多样化。这种多样化一方面可以理解为各地极力打造大调解机制，结合各地具体情况整合各种调解资源，实现大调解机制功能的最大化；另一方面可以理解为大调解机制的不规范性、随意性。其主要表现为机构名称各异，如司法调解中心、调处中心、社会调解服务中心、调访办、“三位一体”大调解、“三所一庭”联动调解等；机构性质不同，有单独立户列编的，但更多表现为抽调人员组建的非常设机构；组成单位不一，有司法、综治、公安、法庭、信访、民政、农业、土地、城建、计生、劳动等部门参与，少则两三家，多则十几家；机构隶属关系不同，有隶属于党委、政府的，有隶属于政法委的，有隶属于综治部门领导的，等等①。这就必然不利于对大调解进行科学把握，导致了大调解的混乱，从而很难恰当地整合大调解的优势。

应当说，当我们强调大调解以人民调解为依托或基础时，就决定了大调解机制应是人民调解主导的。这样，党委、政府的领导并不应在大调解机制中占核心地位，其只是为调解功能的充分发挥提供保障。至于调解资源的整合，一般应持宽松的态度，只要不构成对人民调解功能的消解，就可以成为能够整合的资源。只有这样，才能最大限度地发动各种力量致力于调解工作，使调解能够有力地保障当事人的权利。这需要对大调解进行宽容的理解和系统的规范，即保持调解的底线，调动一切可以有助于调解的力量融入大调解中去，使大调解越做越大。

（三）法律确认的欠缺性，导致了大调解缺乏法律的有力保障

到目前为止，我国关于调解的法律、政策不断完善，从宪法、法律、法规到相关部门联合发文，已经使得调解，特别是人民调解有了相对健全的法律规范，也为调解提供了法律、政策的保障。这对于调解制度的发展

① 黑龙江省司法厅. 人民调解参与构建大调解工作体系的现状、定位与选择 [J]. 中国司法，2007（10）：67-70.

是非常必要的。

但我国并没有专门针对大调解的法律制度。我国的大调解仅仅是在政策的指引下，由政府推进的一种调解新模式，而且目前仍在探索之中，特别是有关大调解的立法条件还不成熟。正因为这样，大调解缺乏法律依据，在实际运作中就有无法可依之嫌。即使有相对完善的调解的法律、政策，但仍存在约束调解发挥功能的因素，最典型的是调解协议，特别是人民调解协议不具有执行力，无疑使人民调解逊色不少。各部门在大调解中的功能、地位、职责、权限更是缺乏法律的明确界定。

缺乏对大调解的系统规范，导致大调解难以实现有效整合。例如，大调解如何定位，究竟由谁来协调不同部门开展大调解，不同部门如何介入调解，各部门之间究竟怎样衔接，如何保证大调解的合法化等，这些都是难以回避的问题。只有从法律制度上解决好这些问题，才能让大调解获得法律上的认可，使大调解充分发挥社会维稳的功能。

（四）衔接的弱化性，导致了不同调解资源整合力度的不足

由于大调解涉及多个部门的参与，因此我们对各部门在大调解中的功能、地位、职责、权限必须进行系统规划和整体设计，这样才能保证各部门互相配合、协调有序，实现大调解的目的。但就目前而言，我国还缺乏各部门相互衔接的机制。有人认为，我国总体来说各种调解机制在各自的作用范围内基本上能够发挥各自的作用，但缺少整体的配合和衔接①。

目前已经实现大调解衔接的主要有诉调对接、警民联调、信访调解的联合，这些衔接总体上是把法院、公安机关、信访部门的某些案件，通过人民调解组织的介入，特别是通过人民调解组织的调解，进行解决。这解决的是如何把案件由人民调解组织调解的问题，并且为了更好地实现人民调解，其就工作场地、人员、费用、管理、效力等方面进行了有效的衔接。但是，这只能是大调解衔接的极微小的部分。大调解的衔接还要进一步扩大，扩大到不同部门的衔接，即不同的部门就某一纠纷如何共同参与配合、如何协调，并最终达到调解的效果。在这一方面，我国的大调解机

① 戴传利，盛敢. 大调解工作体系的不足与完善［J］. 理论建设，2011（5）：32-35，45.

制是缺乏的。即使已经实现的诉调对接、警民联调、信访调解仍然存在着不足之处，如各地做法不同、衔接力度不大等。

如果衔接不到位，就会导致运行机制不畅，就难以发挥大调解的合理作用，其最大优势也就难以发挥出来，从而影响调解的效果。例如，如果某两个部门在程序上没有衔接好，就会导致纠纷没有及时移交，或者某一个部门不知如何做的问题，这最终会导致延误调解的时机，致使调解效果不好，甚至激化矛盾。可见，只有实现不同部门的无缝衔接，才能最大程度上解决纠纷。

五、我国大调解机制的健全、完善

虽然我国的大调解机制并非尽善尽美，但基于其存在的必要性、可行性和正当性，特别是从解决社会矛盾纠纷的总体要求来看，我国的大调解机制仍有存在的现实必要，我国还要为大调解机制提供更广阔的发展空间。因此，为了让我国的大调解机制发挥更大功效，目前要做的应是健全、完善我国的大调解机制。根据前文的记述，我国大调解机制的本质仍在于调解。因此，我国大调解机制的健全、完善必须符合调解的内在要求，并且要在法治发展的过程中，实现对大调解的理性对待。这就需要从以下几个方面健全、完善我国的大调解机制：

（一）更新观念

化解社会矛盾冲突不能只局限于诉讼这一单一的路径上。实践证明，多元化纠纷解决机制已经是一种趋势。因此，一方面，我们要坚守诉讼这一解决纠纷的最后一道防线；另一方面，我们也要寻求非诉讼纠纷解决途径。这也是社会的复杂性所决定的。特别是在我国处于社会转型的紧要时刻，由于现实中的依赖行政、司法的强制手段解决社会问题的消极因素已经在一定范围内凸显，如一定程度上的干群关系紧张、司法威信降低、社会矛盾频发，更需要更新观念，寻求综合的、全方位的解决纠纷的途径。当大调解机制得以在人们视野中崛起时，为了保持大调解机制的生命力，我们就需要以冷静的眼光，理性地对待大调解。

1. 充分肯定大调解机制是当事人的一种权利救济途径

不管如何构架大调解机制，我们都必须坚持大调解机制是服务于当事人的、是当事人的权利救济途径的基本功能。只有坚持这一理念，我们才能保证大调解机制能够充分考虑当事人的利益，并坚持按照如何使当事人的权利得到救济这一原则展开工作，最终实现公平、正义。这就决定了我们要改变大调解机制是维稳工具的认识，树立大调解机制是维护当事人权利的观念。

2. 必须树立大调解是对调解的进一步推广的理念，不能脱离调解的本质

大调解的内涵实质上表现为“大”和“调解”两个方面。调解，特别是人民调解，仍是这一机制解决纠纷的关键或路径，只不过是如何在“大”字上做文章，使人民调解更容易成功。大调解也就是进一步发挥人民调解的功能。既然大调解是对人民调解功能的进一步发挥，我们就必须按照人民调解的功能属性健全、完善大调解。对于目前大调解机制的行政化色彩，我们在这里必须区别对待。大调解机制的组织建设必须依赖于党委、政府的支持，党委、政府必须在人力、物力、财力，甚至在调解资源整合方面要给予大力支持，保证调解组织机构的健全、完善，从而更好地开展调解工作。也只有这样，大调解中“大”的内涵才能得到诠释。对于具体的调解，党委、政府不能以强制力干预，调解要充分尊重当事人的意志，本着平等、自愿的原则开展，要充分体现调解的特色。党委、政府在调解出现困境的时候，更要以自身的优势为调解提供便利，如为当事人的权利救济提供帮助。

（二）宽容对待大调解的理性与经验的互动

大调解是一种新生事物，是我国解决日趋复杂的社会冲突而产生的，在国外和我国历史上都没有可供借鉴的经验与法律制度，这就决定了大调解的发展是一个不断探索的过程。这一过程取决于对大调解的理性认识和大调解实践经验的总结。因此，在没有可供借鉴的经验和法律制度的前提下，我们要宽容对待大调解，不要对其太苛刻。

1. 允许大调解在实践过程中的不断探索

几千年的调解经验已经为我国调解积累了丰富的精神财富，调解在我国的适应性也得到了证实。但问题是，单一的调解难以适应社会发展变化。如果既要发挥调解的优势，又要使社会和谐稳定，就需要对调解进行创新。于是，在 1999 年召开的第四次全国人民调解工作会议上，司法部党组提出了“调防结合，以防为主，多种手段，协同作战”的调解方针。这实际上也蕴含着这样的思想：要由多方共同参与、保障、促进调解工作的开展。这就为大调解提供了思想基础。于是，这一思想不断丰富，最终产生了整合各种调解资源的大调解机制。不过，大调解机制的产生是基于社会现状的反映，是对解决社会矛盾的实践尝试，是一种寻求解决社会冲突的探索，同时也是调解基础上的创新，是对调解的发展，具有肯定的因素。因此，我们要对大调解采取宽容的态度，允许其多样化的实践探索，不要对其限制太多；要允许大调解在实践中大胆尝试，在尝试过程中不断对大调解纠错、修正，使大调解机制趋于完善，能够更好地发挥功效。

2. 不断深化对大调解的理性认识

既然大调解是为寻求解决社会冲突的一种探索，那么其存在的正当性如何？如何使大调解机制更加完善？这就需要我们通过理性思考深化对大调解的认识，并形成对大调解的理论支撑，进而指导大调解的实践。随着大调解工作的不断开展，对大调解的理论探索更要不断深化，研究的广度、深度更要不断扩展，只有这样才能实现对大调解认识的不断升华，也才能为大调解提供正确的方向。应当说，大调解作为一种社会实践，如果没有理论的指导，那么这种实践是很难获得长足的发展的。

最后，大调解作为一种新生事物，应允许其尝试、创新，也应允许对其宽容以待。无论如何，大调解是调解实践的结果，对大调解的认识、推广和健全必须建立在大调解的经验积累的基础上，对大调解理论的提升也必须是大调解实践经验的总结。反过来，一旦形成了大调解的理论，就要对大调解的实践进行指导。通过大调解理性与经验的互动，使大调解的理论和实践不断深化、推进。

（三）以发展的法治观点，结合我国的国情，善待大调解机制

法治发展到现在，早已跳出传统法治的窠臼，但对法治的错误做法仍然存在。从西方国家的法治实践来看，法治并不是一种可以定量化为三权分立、人权保障、自由平等、法律至上等形式要件的运行机制，而是一种具有权力制约、权利多元和理性自由取向的复杂的秩序状态与生活方式，是一种多样、平衡、动态化、“未完成”的发展过程①。因此，在我国推崇法律的绝对性、诉讼裁决的做法是不可取的。一个国家必须以本国的实际情况，树立发展的法治观。我国必须以发展的法治观点，结合我国的国情，对待大调解。

1. 保证大调解的自治性，处理好大调解与党委和政府的领导、与法治的关系

在调解基础上发展起来的大调解始终要有一个恰当的定位，不能脱离调解的本质属性。也就是说，大调解必须坚持调解的自治性，大调解要始终在自愿的基础上调解，始终尊重当事人的意愿。这就要求做到以下两点：

一是调解时要摆脱公权力的影响。由于大调解大发展离不开党委、政府的领导和支持，而党委、政府的领导和支持始终离不开公权力的运作，因此正确处理大调解与党委、政府的关系尤为重要。如果摆脱不了因党委、政府的领导而导致的大调解的行政色彩，那么大调解就会难以发展。如前所述，党委、政府的领导和支持与调解实际上是属于调解过程中的不同界面。大调解的组织建构、建设依赖于党委、政府的推动，离不开公权力的行使，甚至对调解顺利进行的保障，也离不开公权力的行使。但对于调解本身，即当事人是否接受调解、在调解过程中如何表达、调解结果如何则不应该有公权力的介入，要完全建立在自愿的基础上。

二是要处理好大调解与法治的关系。自治并不意味着不需要法治，而是要形成一种新型的法治形态。传统法治强调依据法律通过诉讼解决争端，但这种单一的途径并没有在我国取得预想的效果，反而导致了一些不

① 马长山. 法治的平衡取向与渐进主义法治道路 [J]. 法学研究，2008 (4)：3-27.

良的后果。发展的法治观意味着多元化纠纷解决机制的正当性，意味着解决纠纷并不纯粹依赖法律，更意味着大调解是法治的重要组成部分。大调解发展了法治、丰富了法治，使法治更适应社会发展。因此，有人认为，大调解偏离了现代司法的价值取向、与司法公正的基本要求相冲突是不恰当的。这种观点的形成要么是用狭窄的法治观来看待大调解，要么是没有真正认识大调解的本质。事实上，社会依赖于多元化纠纷解决途径，依赖于法律、道德、习俗等更容易促进社会的稳定和发展，这也应当是法治的追求。大调解作为一种纠纷解决机制，除了依赖法律外，也依赖道德、习俗，强调情理结合，恰恰弥补了传统法治的不足，是现代法治的应有之义。

2. 正确把握大调解与司法的关系，实现大调解与司法的共荣

大调解的推广并不意味着忽视司法的力量。尽管发展的法治观强调多元化纠纷解决机制，但诉讼仍是重要的途径，仍是解决纠纷的最后一道防线。大调解与司法不能互相替代，各有其价值，又并非都完美无缺。从实现纠纷的解决、维护当事人的权益以及构建和谐社会的角度出发，我们应当承认，不同的纠纷解决方式具有不同的特点、规律、功能和效果。社会应当为不同类型、不同人群的纠纷提供不同的解决途径，在多元化纠纷解决机制之中，诉讼即使不是最重要的，也是非常重要的“一元”①。从维护社会稳定的视角看，我国强调大调解也是为了通过减轻诉累，提高司法质量，共同维护社会的稳定。因此，正确把握大调解与司法的关系，也就意味着大调解与司法的共荣。我国在经历了重诉讼轻调解和重调解轻诉讼两个阶段后，现在已经进入了调解和诉讼并重的阶段。我们既要强调大调解，也不能忽视诉讼，要让大调解与司法共同发展，这是社会现实的选择。

实现大调解与司法的共荣也意味着：第一，摆正两者的地位，即大调解的第一道防线和司法的最后一道防线。第二，大调解与司法既相互独

① 李杰. 调解率说明了什么：对“调解率与和谐正相关”命题的分析［J］. 法律适用，2008（10）：49-54.

立，又在一定程度上衔接。第三，既要充分发挥大调解的功能，也要在现实社会状况下实行能动司法，消解传统法治对司法的不利影响。学者苏力认为，将能动司法和大调解放在中国经济与社会发展的整个过程中来看，这既是中国司法改革的延伸，也是司法改革的调整；既是一项司法工作，也是一项从属于中国整个社会发展和政治全局的重大工作[①]。只有这样，我们才能恰当地处理好大调解和司法的关系，并使大调解和司法在社会维稳中发挥恰当的作用。

（四）完善大调解的法律制度

对大调解的完善，最重要的是完善其法律制度，这是法治的基本要求。之所以要求宽容地对待大调解的理性与经验的互动，最终就是为了在互动中对大调解进行理论和实践的检验，形成对大调解的正确认识，从而为制定法律积累材料。法治本身也决定了大调解必须在法治的框架内才能获得生存与发展的空间，大调解的生存与发展离不开健全的大调解法律制度。

要完善大调解的法律制度，至少要厘清以下几个方面的问题：第一，明确大调解的法律定位、功能。一方面，我们要明确大调解仍具有的调解的自治属性，以便与党委、政府的公权力区分开；另一方面，我们要确定大调解是非诉讼纠纷解决途径之一，以使按照非诉讼的纠纷解决原理——人民调解的原理规范大调解的调解功能。

第二，从宏观上确定可能成为大调解的主体。由于各地的情况不同，我们对大调解的主体要求不能千篇一律。我们只能从宏观上确定可能成为大调解的主体，以便各地结合本地的具体情况来确定本地可以参与大调解的主体。同时，我们应确定不同主体在大调解中的地位、作用、职责，以便各主体明确、积极地参与调解。

第三，科学地设计大调解的调解程序，包括不同调解的操作要求、各主体围绕调解（主要是人民调解）的衔接等。我们特别是要规定完善的衔

① 四川省高级人民法院研究室．构建有中国特色的社会矛盾纠纷体系——“能动司法与大调解”论坛综述［J］．人民司法，2009（23）：7-10.

接机制，使各主体配合好，共同致力于调解工作的顺利进行，实现调解效果的最大化。

第四，健全奖惩机制。我们可以通过奖惩机制的建立健全，提高调解队伍的素质，使调解人员认真负责，更好地致力于调解工作。

第五，强化大调解的保障制度。我们要在法律层面明确大调解的保障措施，从组织网络、人员、经费到权利的享有，都应有着明确的落实，从而推动大调解的开展。

当然，大调解法律制度的完善还需要一个过程，还需要对大调解的正当性、组织建构、衔接机制等问题进一步论证，但维护社会稳定需要大调解，这是大的趋势。

第二节　依法治国进程中人民调解的发展展望

2014年党的十八届四中全会审议通过的《决定》第五部分明确提出要加强行业性、专业性人民调解组织建设，完善人民调解、行政调解、司法调解联动工作体系。这是我国对人民调解的顶层设计，是适应我国纠纷现状的现实需要。结合我国纠纷现状的现实需要，贯彻我国对人民调解的顶层设计，在我国依法治国的进程中，加强行业性、专业性人民调解组织的建设，完善人民调解、行政调解、司法调解联动工作体系，是完善人民调解制度、适应通过人民调解解决民间纠纷的社会发展的需求。律师调解也成为人民调解的新发展。相信随着我国对人民调解的不断重视，人民调解会不断创新。

一、行业性、专业性人民调解组织的未来建设思路

（一）行业性、专业性人民调解组织建设是和谐社会的必然要求

行业性、专业性人民调解组织建设符合建设和谐社会的要求。就目前来看，社会转型所带来的社会矛盾，突出表现在医疗卫生、交通、环境污染、劳动争议、物业管理等方面，医疗纠纷、道路交通事故纠纷、环境污

染纠纷、劳动争议、物业管理纠纷等不断增多，这些纠纷甚至以群体性的纠纷形态存在，已经成为影响社会和谐稳定的难点、热点问题。这些纠纷具有很强的专业性，虽然村、居、街道、社区等地域性人民调解委员会在化解上述纠纷时能发挥一定的积极作用，但上述纠纷的行业、专业背景又远远不是这些地域性人民调解委员会能够应付的。如何更好地应对上述专业性纠纷，化解矛盾，维护社会和谐，是人民调解发展过程中需要解决的一个新问题。

尽管上述纠纷属于相关行业（领域）的专业性纠纷，但仍属于可以调解的范畴。从纠纷的性质上来讲，这些纠纷仍属于人民内部矛盾，属于平等主体之间的纠纷，是可以通过说服、教育的方式来化解的，关键是如何进行针对性和有效地化解。

在地域性人民调解委员会不能够应付的情况下，专业性、行业性人民调解组织就应运而生了。专业性、行业性人民调解委员会具有地域性人民调解委员会所不具有的专业优势。该类人民调解委员会的人员熟悉行业规则，了解行业法律法规，一般也具有丰富的实践经验。因此，专业性、行业性人民调解委员会的人民调解员可以充分利用熟悉行业的优势，为纠纷当事人从专业角度提出符合实际的解决方案，从而获得纠纷当事人的信任并化解矛盾。可见，针对行业性、专业性纠纷的复杂性、主体多元化、调解难度大、易激化的特点，社会需要行业性、专业性的人民调解组织和人员来应对该类纠纷。由行业性、专业性人民调解组织中熟悉该领域业务和法律、能够运用专业知识进行调解的人员化解行业性、专业性纠纷，是社会转型期消除行业性、专业性纠纷，保持社会和谐的必然选择。社会转型所呈现出的行业性、专业性纠纷，也就为行业性、专业性人民调解委员会的建设提供了空间。

（二）行业性、专业性人民调解组织建设的现状

在我国政府和相关行业的推动下，行业性、专业性人民调解的组织建设迅猛发展，组织数量和办案数量呈增长态势。不同行业逐步设立了专业性的人民调解组织，如医患纠纷人民调解委员会、道路交通事故纠纷人民

调解委员会、劳动争议人民调解委员会、消费纠纷人民调解委员会、物业管理纠纷人民调解委员会、旅游纠纷人民调解委员会、价格纠纷人民调解委员会、金融消费纠纷人民调解委员会、总商会商事纠纷人民调解委员会、公共频道人民调解委员会、通信产品行业商会商事纠纷人民调解委员会、皮革鞋业商会人民调解委员会、鞋业制造协会人民调解委员会、茶业商会人民调解委员会、服装交易城人民调解委员会、出租车行业人民调解委员会、建筑工地人民调解委员会、卫生服务中心人民调解委员会，等等。可以说，人民调解组织在各行各业都已存在，使各行业的纠纷基本上都可以在专业性人民调解组织的主持下得到解决。特别是下列一些相对成熟的行业性、专业性人民调解组织所体现的作用越来越显著，在建设方面也各有特色。

1. 医患纠纷人民调解委员会

医患纠纷人民调解委员由独立于医患双方的拥有专业鉴定能力和调解能力的组织或个人组成，是公正、客观地以协商的形式处理医患纠纷的调解组织。目前，医患纠纷人民调解委员会作为医患纠纷第三方介入医患纠纷，在有效解决医患纠纷、缓解医患矛盾方面，卓有成效。

在制度建设方面，为保证医患纠纷人民调解委员会的调解工作的有效开展，医患纠纷人民调解委员会多考虑与医疗责任保险机构建立紧密联系；或者是医患纠纷人民调解委员会在调解医患纠纷的同时，开展宣传医疗机构的保险业务，即动员医疗机构购买医疗责任险，以降低医疗机构的风险，也能保证更好地解决医患纠纷；或者是直接成立医患纠纷人民调解委员会与医患纠纷理赔处理中心，分别负责调解和理赔。医患纠纷人民调解委员会最终通过医院赔付后向保险公司申请理赔或保险公司主动支付赔款的方式实现调解的理想效果。

在调解程序上，基于医患纠纷极强的专业性，一般做法如下：首先是严格按照规定受理纠纷、调查取证；其次是通过从聘请的由一定数量的医学、法律专家组成的专家库中调取专家提供专业技术咨询服务，给出过失认定、定损计赔的医疗鉴定结论；再次是沟通劝导，达成调解协议；最后是回访督办，结案归档和统计分析。

在调解技巧方面，一是重视医疗责任保险的宣传引导，通过风险分担转移机制、互助共济机制和社会管理机制，有力地预防、化解医患矛盾，保障正常的医疗秩序。二是向纠纷当事人明确其第三方的地位，取得患方信任，避免引起患方不必要的误解，影响调解的正常进行。三是对极度无理的纠纷当事人要进行正义威慑，驳斥其无理的要求。四是尽量采用“背靠背”的方法，避免医患纠纷双方在调解过程中因面对面导致情绪激动，影响调解。

2. 道路交通事故纠纷人民调解委员会

道路交通事故纠纷人民调解委员会是专门针对道路交通事故纠纷而设立的人民调解委员会。将人民调解机制引入道路交通事故纠纷调处工作中，既缓解了各级公安交警部门的工作压力，又能够有针对性地由专门的人民调解组织解决道路交通事故纠纷。因此，全国有很多省、自治区、直辖市成立了专门的道路交通事故纠纷人民调解委员会。

基于道路交通事故纠纷的特点，道路交通事故纠纷人民调解委员会开展工作必须依靠道路交通管理部门、卫生部门、保险公司等部门的配合。因此，调解对接联动机制是道路交通事故纠纷人民调解委员会开展工作的一大特点。该机制的运行原理如下：首先，由道路交通管理部门出具责任认定书；其次，对符合人民调解范围的交通事故民事损害赔偿部分，移送至道路交通事故纠纷人民调解委员会调解；再次，在有保险的前提下，保险公司承认交通事故人民调解室主持调解下签订的人民调解协议书的效力，以调解协议作为保险理赔依据，按照有关保险约定对当事人实施理赔；最后，交通事故人民调解委员会在调解交通事故民事损害赔偿纠纷中，对符合法律援助的当事人申请的法律援助事项，及时提供法律援助，实现法律援助与人民调解无缝对接，提高协议履行率。

从道路交通事故纠纷的处理流程上来看，其基本是按照受理审查、调查核实、纠纷调解、协议签订、回访督办的程序来进行。一般情况下，道路交通事故纠纷的处理会建立救助机制，以便更好地维护受害人的利益。

一是建立伤员快速救治绿色通道。道路交通事故纠纷人民调解委员会与医院协商建立交通事故救治绿色通道，确保交通事故受伤人员在第一时间得到有效救治，杜绝因抢救不及时致死致残等情况的发生。在当事人无法及时支付医疗费的情况下，保险公司先行支付部分费用。二是建立事故快速赔付绿色通道。道路交通事故纠纷人民调解委员会与保险公司协商，对简易交通事故进行快速赔付。事故发生后，交警在第一时间把事故资料提供给保险公司，实现资源共享，缩短赔付周期，方便事故当事人。三是建立交通事故社会救助机制。对因肇事逃逸、赔偿不能落实而导致家庭特别困难的当事人，道路交通事故纠纷人民调解委员会积极报请当地党委、政府和民政部门，给予当事人社会救助，安抚当事人的情绪，防止事态恶化。

在具体调解时，道路交通事故纠纷人民调解委员会首先要加强法律知识宣传，让当事人明确交通安全法律法规，及时让当事人明确责任，为最终调解成功打好基础。道路交通事故纠纷人民调解委员会在调解时，科学运用换位思考法是该类纠纷调解的一大特色。换位思考法是指分别让纠纷双方体会到对方的悲痛、困难（受害方）和懊悔、负担（疏忽大意的肇事方），达到双方妥协、让步的效果，实现纠纷的圆满解决。当然，面对损害赔偿，道路交通事故纠纷人民调解委员会要按照有关的法律法规一项一项地计算和解释清楚，打消纠纷当事人提出过高要求的念头，尽快达成调解协议。不过，在确定赔偿数额时，道路交通事故纠纷人民调解委员会也可以根据当地的风俗习惯、当事人的个人意愿，做一些金额上的调整。这意味着，道路交通事故纠纷人民调解委员会的人民调解员既要精通交通安全法律法规及损害赔偿的有关法律规定，也要了解当地的风俗习惯。

（三）行业性、专业性人民调解组织建设的完善

虽然就目前而言，各种行业性、专业性人民调解组织的发展势头迅猛，但由于其是为解决社会转型期行业性、专业性纠纷的现实需要而产生的一种选择，因此并没有成熟的理论和具体的法律依据来指导其建设工作。行业性、专业性人民调解组织主要是根据国家顶层设计的要求及现实需要来开展建设工作，因此在建设过程中存在问题在所难免。完善行业性、专业性人民调解组织

建设，规范行业性、专业性人民调解组织运行，更好地发挥行业性、专业性人民调解组织在行业中的作用，也就成为行业性、专业性人民调解组织建设的一个重要课题。

第一，规范行业性、专业性人民调解组织的设立主体，更好地促进行业性、专业性人民调解组织的发展。

行业性、专业性人民调解组织的特点决定了行业性、专业性人民调解组织的设立主体比较混乱。尽管从《中华人民共和国人民调解法》的规定来看，除了村（居）民委员会、乡镇、街道、社会团体外，其他组织都可以设立人民调解委员会。但一方面，其他组织的界定不统一；另一方面，实践中更强调政府对该组织建设的主导作用。因此，行业性、专业性人民调解组织的设立主体较为混乱，有些是政府有关部门（如司法行政部门、卫生部门）设立，有些是主管部门设立，还有些只是形式上的没有实际职能的部门设立。这就导致行业性、专业性人民调解组织的建设很不规范，难以进行有效的建设。例如，有些行业性、专业性人民调解组织的筹建、人财物的保障都不到位。与地域性人民调解组织相比，行业性、专业性人民调解组织设立比较松散，几乎各自为营，也难免出现业务重叠的现象。另外，经费难以保障，很多行业性、专业性人民调解组织都是自行筹集经费，经费获得渠道也是五花八门。因此，通过立法等途径规范行业性、专业性人民调解组织的设立主体，既可以有效地促进行业性、专业性人民调解组织的健康运行，也能够有效地发挥设立部门的指导作用。

第二，加强行业性、专业性人民调解员队伍建设。

行业性、专业性人民调解组织的迅猛发展，导致行业性、专业性人民调解员队伍建设滞后。一方面是专职调解员数量不够，远远不能满足行业性、专业性纠纷调解的需要；另一方面是人民调解员的专业性不强。有些行业性、专业性人民调解组织设立后，为解决人员配备的问题，以便及时开展工作，在报酬低等因素的影响下，难以找到真正具有专业知识的人员。这就使得某些不具备专业知识，不能完全胜任行业性、专业性纠纷调解工作的人员加入人民调解队伍中，在一定程度上影响了人民调解员的整体素质。

加强行业性、专业性人民调解员队伍建设，是充分发挥行业性、专业性人民调解组织作用的基础和保障。首先，行业性、专业性人民调解组织应积极把专业性的人员引入行业性、专业性人民调解员队伍中，尽可能把有法律知识背景、行业知识背景、专业知识背景，特别是有行业调解经验的人员引入人民调解员队伍中，尽量贯彻司法部、中央综治办等部门《关于推进行业性、专业性人民调解工作的指导意见》的精神，运用专业知识，借助专业力量，提高调解的权威性和公信力。行业性、专业性人民调解组织应优先考虑把热心人民调解工作，具有奉献精神和较强专业知识、调解技能的退休法官、检察官、警官、律师、公证员、行业专家及学者吸收到行业性、专业性人民调解员队伍中，充分发挥他们各自的优势，形成一支年龄结构和知识结构合理、优势互补、专兼结合的行业性、专业性人民调解员队伍。其次，行业性、专业性人民调解组织应加强业务培训，落实行业性、专业性人民调解员队伍培训制度，通过学习、交流、研讨等形式不断实现行业性、专业性人民调解员的知识更新和调解技能的不断提升，使行业性、专业性人民调解员队伍更加专业化，实现人民调解的行业化、专业化。最后，行业性、专业性人民调解组织应加强经费保障，要解决好人民调解队伍报酬低的问题，进而保证吸引人才壮大人民调解员队伍和保证人民调解员队伍的稳定性，提高人民调解员调解纠纷的积极性。政府有关部门要加大对行业性、专业性人民调解组织建设的扶持，提供经费保障，尽量缓解行业性、专业性人民调解组织的经费压力，使行业性、专业性人民调解组织可以集中力量投入人民调解当中去。

第三，完善立法，规范行业性、专业性人民调解组织建设，行业性、专业性人民调解组织的“自律”“自理”与行业管理部门的指导要有效结合。

法律制度的缺失是影响行业性、专业性人民调解组织建设的关键性因素。目前，有关人民调解的法律体系基本形成，但人民调解的专门性法律——《中华人民共和国人民调解法》对行业性、专业性人民调解组织却没有作出明确规定。只有一些行业部门为推动行业性、专业性人民调解组织的建设才作出了一些专门性的规定，国家则从依法治国的高度进行了顶层设计。正如前文所述，司法部于 2010 年 12 月印发的《关于贯彻实施〈中华人民共和国人民调解法〉的意见》第四条明确规定，积极与有关行业主管部门、社会团体和其他组织沟通协调，着重加强专业性、行业性人民调解委员会建设。2011 年印发的《司法部关于加强行业性专业性人民调解委员会建设的意见》明确指出，大力加强行业性、专业性人民调解委员会建设，及时有效地化解特定行业和专业领域出现的难点、热点矛盾纠纷，对于加强和创新社会管理，维护社会和谐稳定，具有重要意义。2014 年司法部《关于推进公共法律服务体系建设的意见》又进一步提出，按照一乡镇（街道）、村（居）一调委的原则，巩固和规范乡镇（街道）、村（居）人民调解委员会，积极推进行业性、专业性人民调解组织建设。2014 年党的十八届四中全会审议通过的《决定》第五部分从顶层设计高度明确提出要加强行业性、专业性人民调解组织建设。因此，完善立法，使行业性、专业性人民调解组织规范建设实属必要。

法律制度的缺失使得行业性、专业性人民调解组织的建设混乱。国家缺乏对行业性、专业性人民调解组织有效的指导，甚至有些行业性、专业性人民调解组织游离在国家的指导之外，行业性、专业性人民调解组织处于一种“自律”“自理”的状态。尽管行业性、专业性人民调解组织是自治组织，“自律”“自理”在一定程度上体现了其本质属性，但缺乏国家有效指导的行业性、专业性人民调解组织有可能在开展业务的过程中过于随意，影响到人民调解的形象，损毁人民调解的威信。特别是我国的人民调解是我国政治推动的结果，离开国家的有效指导，人民调解难以取得蓬勃发展的局面。因此，行业性、专业性人民调解组织的发展必须置于国家的主导之下来进行，只有这样才能获得健康的发展，不至于背离我国依法治国的具体要求。

二、以人民调解、行政调解、司法调解为基础的多元化纠纷解决机制的完善路径

2014年党的十八届四中全会审议通过的《决定》第五部分明确提出要完善人民调解、行政调解、司法调解联动工作体系，这为大调解格局的进一步构建提供了方向指引。2016年《最高人民法院关于人民法院进一步深化多元化纠纷解决机制改革的意见》使大调解格局的构建进一步具体化，提出了人民法院分别与综治组织对接，与行政机关对接，与人民调解组织对接，与商事调解组织、行业调解组织对接，与仲裁机构对接，与公证机构对接，支持工会、妇联、共青团、法学会等组织参与纠纷解决，发挥其他社会力量的作用。可见，多元化纠纷解决机制不但是法治发展的要求，也是化解社会转型期的社会矛盾、维护社会稳定的需要，是矛盾纠纷化解机制发展的必然结果。

（一）完善人民调解、行政调解、司法调解联动工作体系

完善人民调解、行政调解、司法调解联动工作体系，首先体现为通过调解化解纠纷，突出调解作为纠纷解决途径的重要性。我们应树立有了纠纷先要谋求调解解决的观念，充分发挥调解作为化解纠纷的第一道防线的作用。其次，我们应强调人民调解、行政调解和司法调解的联动，既要充分发挥人民调解、行政调解这些富有弹性的、间接的、略为温和的调解手段化解纠纷，也要坚持在诉讼中尽量以诉讼调解这种相对刚性的方式结案。我们应尽量发挥各种调解的优势，通过调解这种体现当事人意愿的纠纷解决方式，实现案结事了、彻底化解纠纷的目的。在具体路径上，面对一起纠纷，我们应尽量按照纠纷的性质，或者通过人民调解的途径解决，或者通过行政调解的途径解决。如果当事人的协议超出了法律底线，超出了主持调解者的能力和水平，那就转入司法程序并且尽量通过诉讼司法调解的途径来解决。最后，作为联动工作体系，一方面是法院要主动衔接和支持人民调解、行政调解，当事人达成人民调解协议申请法院确认其效力的，法院应当依法受理和审查，确认其效力；当事人达成行政调解协议又

进入诉讼的，法院应当依法审查，确认其效力，最大限度地支持人民调解、行政调解的工作成果。另一方面是纠纷进入诉讼阶段后，人民调解、行政调解组织也应当积极配合，协助法院开展相关诉讼活动，两者不可偏废①。

（二）完善调解、仲裁、行政裁决、行政复议、诉讼等有机衔接、相互协调的多元化纠纷解决机制

2014年党的十八届四中全会审议通过的《决定》第五部分提出要完善调解、仲裁、行政裁决、行政复议、诉讼等有机衔接、相互协调的多元化纠纷解决机制，这是对我国化解社会矛盾、维护社会稳定的实践经验的总结。面对复杂的社会环境，单纯依赖某一种纠纷解决途径，都不能应对各种纠纷，必须多种纠纷途径并重，形成化解矛盾纠纷的合力，有效应对各种社会问题，实现社会稳定。关键是如何使多元化纠纷解决机制更加完善。

1. 调解、仲裁与诉讼

国家应建立完善的对接机制，构建化解纠纷的畅通渠道，不至于让当事人投诉无门而引起矛盾纠纷的激化。

第一，劳动领域和适合仲裁的经济领域等要处理好调解、仲裁与诉讼的有机衔接。能调解的，尽量通过调解的途径解决纠纷。按照法律规定必须要仲裁的，则通过仲裁来解决纠纷。如果仲裁过程中可以调解的，也应通过仲裁调解来结案。调解、仲裁无法化解纠纷的，则通过调解和仲裁对应的诉讼通道，及时引导纠纷通过诉讼途径来解决。对于调解、仲裁达成的结果，也要尽量发挥诉讼的保障作用，让调解、仲裁的结果能够得到履行。为贯彻调解、仲裁与诉讼的对接，一是要定好位，即处理好调解、仲裁与诉讼的关系，明确人民调解是化解纠纷的第一道防线，仲裁是特定纠纷的解决途径，诉讼是化解纠纷的最后保障。二是要明确调解、仲裁有其相对独立性，而诉讼可对其进行指导、监督和保障。应避免三者的关系定

---

① 关于完善人民调解、行政调解、司法调解联动工作体系的调查与思考[EB/OL].(2016-09-12)[2018-08-16]. http://ncgpfy.chinacourt.gov.cn/article/detail/2016/09/id/2078458.shtml.

位不准，造成适用上的混乱，从而减弱三者功能的发挥。

第二，其他纠纷的调解与诉讼要充分发挥诉调对接机制的功能，通过地点、人员、经费、管理、纠纷化解、效力的无缝对接，使纠纷在调解、诉讼的合力下得到完美解决。特别是要实现调解与诉讼的对接机制，就必须实现调解与诉讼对接机制的制度化，避免因人为因素导致该对接机制不能长久贯彻。在实践中，地点对接和效力对接问题较大。就地点对接而言，为实现对接，人民法院等单位需要提供人民调解的办公场所，以便更好地引导纠纷调解，特别是及时调解。有些地方，当领导重视时，态度积极，在配合方面会做得比较到位，主动为人民调解组织提供调解场所；当领导不重视时，其态度就会消极，在配合方面也不会主动，甚至妨碍诉调对接。这表现为借口单位装修等，让人民调解员腾出人民法院提供的调解工作室，等装修好再回来，结果却没有下文了。就效力对接而言，《中华人民共和国人民调解法》明确规定了司法确认，这是诉调对接的法律保障。但在推进该制度时，有些地方的法院、法官会因为司法确认占据其工作时间、增加其工作量以及对其工作绩效影响不大等原因就不积极配合，导致有些地方的司法确认制度落实不到位。因此，诉调对接的实现必须制度化，避免人为因素的影响。

2. 行政复议与诉讼

《中华人民共和国行政诉讼法》对行政复议与诉讼的关系做了明确规定。国家的顶层设计又进一步明确，行政复议和行政诉讼是行政领域两个基本的救济制度与纠纷解决机制。因此，行政复议与诉讼的有机对接是多元化纠纷解决机制中必不可少的一环。

落实行政复议与诉讼的有机对接，首先是要依据《中华人民共和国行政诉讼法》的有关规定，特别是《中华人民共和国行政诉讼法》关于时效、期间等的规定，按照规定实现行政裁决、行政复议与诉讼之间纠纷解决通道的有机对接，避免因违反时效、期间的规定，使当事人的救济途径不顺畅、当事人的合法权益得不到保障，要通过告知制度的落实，及时提醒当事人行使权利。

其次是要准确把握行政复议和行政诉讼的衔接。该衔接要区分复议选择型和复议前置型两种情况，才能进行有效的衔接。

在复议选择型情况下，行政相对人可以在行政复议和行政诉讼之间进行选择，既可以选择行政复议，也可以选择行政诉讼。行政相对人选择行政复议后，如对行政复议不服仍可提起行政诉讼。因此，相关部门要通过告知制度让当事人明确该制度，以便让当事人从有利于自己权利实现的角度作出选择。行政相对人在复议后提起行政诉讼的，更要厘清起诉对象。复议机关维持原具体行政行为的，原行政机关为被告；复议机关变更原具体行政行为的，复议机关为被告；复议机关不予受理的或不予答复的，可以选择复议机关或原行政机关为被告。

在复议前置型情况下，行政复议是行政诉讼的必经程序。因此，相关部门要告知当事人要先向行政机关申请行政复议，对行政复议不服的，再提起行政诉讼。当事人要避免违背这一制度规定，导致做无用功，权利也不能得到及时救济。在对行政复议不服提起行政诉讼的情况下，当事人同样要明确起诉对象。复议机关维持原具体行政行为的，原行政机关为被告；复议机关变更原具体行政行为的，复议机关为被告；复议机关不予受理的或不予答复的，只能以复议机关为被告。

最后，行政复议与诉讼的有机衔接，除了制度更加完善外，特别需要建立行政机关、法院等部门的告知制度，通过告知制度的落实，让当事人有效、快捷地实现诉求，化解矛盾，进而实现社会的稳定。

三、律师调解——人民调解的新发展

为进一步创新人民调解工作，律师调解以崭新的姿态出现在人民调解的视野中。律师调解的开展以 2017 年最高人民法院、司法部出台的《关于开展律师调解试点工作的意见》（以下简称《意见》）为抓手，拓展了人民调解的形式。

《意见》明确指出，律师调解的推动是为贯彻落实《中共中央关于全面推进依法治国若干重大问题的决定》以及中共中央办公厅、国务院办公厅《关于完善矛盾纠纷多元化解机制的意见》《关于深化律师制度改革的意见》和最高人民法院《关于人民法院进一步深化多元化纠纷解决机制改革的意见》，充分发挥律师在预防和化解矛盾纠纷中的专业优势、职业优势和实践优势，健全完善律师调解制度，推动形成中国特色的多元化纠纷解决体系。可见律师调解作为人民调解的新形态有利于发挥律师在预防和化解矛盾纠纷中的专业优势、职业优势和实践优势，这也是对 2014 年司法部出台的《关于推进公共法律服务体系建设的意见》中发挥律师作用这一举措的进一步深化。

律师调解与一般调解的明显不同在于以下几点。第一，律师调解的工作模式体现在以律师作为中立第三方进行调解。按照《意见》的要求，分别在律师事务所设立调解工作室、在公共法律服务中心（站）设立律师调解工作室、在律师协会设立律师调解中心、在人民法院设立律师调解工作室，可见律师调解具有其独特性。第二，律师调解案件的范围明确，主要是各类民商事纠纷，包括刑事附带民事纠纷的民事部分，但是婚姻关系、身份关系确认案件以及其他依案件性质不能进行调解的除外。作为从事法律工作的律师对该类纠纷的解决具有明显的专业优势。第三，律师调解达成的调解协议与支付令对接。经律师调解达成的和解协议、调解协议中，具有金钱或有价证券给付内容的，债权人依据《中华人民共和国民事诉讼法》及其司法解释的规定，向有管辖权的基层人民法院申请支付令的，人民法院应当依法发出支付令；债务人未在法定期限内提出书面异议且逾期不履行支付令的，人民法院可以强制执行。第四，律师调解事项实行回避制度。《意见》规定，律师调解员具有以下情形的，当事人有权申请回避：系一方当事人或者其代理人的近亲属的；与纠纷有利害关系的；与纠纷当事人、代理人有其他关系，可能影响公正调解的。律师调解员具有上述情形，当事人要求回避的，律师调解员应当回避；当事人没有要求回避的，律师调解员应当及时告知当事人并主动回避。当事人一致同意继续调解的，律师调解员可以继续主持调解。第五，实行收费制度。《意见》明确指出，在律师事务所设立的调解工作室受理当事人直接申请调解纠纷的，可以按照有偿和低价的原则向双方当事人收取调解费，一方当事人同意全部负担的除外。调解费的收取标准和办法由各试点地区根据实际情况确定，并报相关部门批准备案。

律师调解作为人民调解的一种新形态旨在发挥律师的作用，但其收费制度与人民调解的传统和属性相冲突，是否影响到该类调解的壮大有待实践检验，毕竟该类调解形态还处在试点阶段。如果该形态能被人们认可并成为人们普遍接受的一种调解形式，必将为人民调解注入活力。

参考文献

一、著作类：

[1] 昂格尔. 现代社会中的法律 [M]. 吴玉章，等译. 北京：中国政法大学出版社，1994.

[2] 陈步雷. 法治化变迁的经验与逻辑：目标，路径与变迁模型研究 [M]. 北京：法律出版社，2009.

[3] 春杨. 晚清乡土社会民事纠纷调解制度研究 [M]. 北京：北京大学出版社，2009.

[4] 邓拓. 论中国历史的几个问题 [M]. 北京：生活·读书·新知三联书店，1979.

[5] 丁以升. 法治问题研究 [M]. 上海：上海交通大学出版社，2006.

[6] 费孝通. 乡土中国 生育制度 [M]. 北京：北京大学出版社，1998.

[7] 高全喜. 从非常政治到日常政治：论现时代的政法及其他 [M]. 北京：中国法制出版社，2009.

[8] 戈登. 控制国家：从古雅典至今的宪政史 [M]. 应奇，等译. 南京：江苏人民出版社，2008.

[9] 广东省司法厅. 人民调解教程 [M]. 广州：广东人民出版社，2008.

[10] 何勤华，严存生. 西方法理学史 [M]. 北京：清华大学出版社，2008.

[11] 亨廷顿. 文明的冲突与世界秩序的重建 [M]. 周琪，等译. 北京：新华出版社，2009.

[12] 黄基泉. 西方宪政思想史略 [M]. 济南：山东人民出版社，2004.

[13] 吉尔伯特·罗兹曼. 中国的现代化 [M]. 国家社会科学基金“比较现代化”课题组，译. 南京：江苏人民出版社，1988.

[14] 金太军，王庆五. 中国传统政治文化新论 [M]. 北京：社会科学文献出版社，2006.

[15] 李林. 法治与宪政的变迁 [M]. 北京：中国社会科学出版社，2005.

[16] 刘忠定. 构建大调解工作体系 为建设和谐社会服务 [M] // 史德保. 纠纷解决：多元调解的方法与策略. 北京：中国法制出版社，2008.

[17] 陆学艺. 当代中国社会阶层研究报告 [M]. 北京：社会科学文献出版社，2002.

[18] 路易斯·亨利·摩尔根. 古代社会（上册）[M]. 杨东莼，等译. 北京：商务印书馆，1997.

[19] 马克思，恩格斯. 马克思恩格斯全集：第 42 卷 [M]. 北京：人民出版社，1979.

[20] 马克思，恩格斯. 马克思恩格斯选集：第 4 卷 [M]. 北京：人民出版社，1995.

[21] 潘伟杰. 法治与现代国家的成长 [M]. 北京：法律出版社，2009.

[22] 彭芙蓉，冯学智. 反思与重构：人民调解制度研究 [M]. 北京：中国政法大学出版社，2013.

[23] 申建林. 自然法理论的演进：西方主流人权观探源 [M]. 北京：社会科学文献出版社，2005.

[24] 盛永彬，刘树桥. 人民调解实务 [M]. 北京：中国政法大学出版社，2015.

[25] 施治生，郭方. 古代民主与共和制度 [M]. 北京：中国社会科学出版社，2007.

［26］上海市高级人民法院，上海市司法局，上海市法学会．纠纷解决：多元调解的方法与策略［M］．中国法制出版社，2008.

［27］王洁．法律语言研究［M］．广州：广东教育出版社，1999.

［28］韦尔南．希腊思想的起源［M］．秦海鹰，译．北京：生活·读书·新知三联书店，1996.

［29］西塞罗．论共和国 论法律［M］．王焕生，译．北京：中国政法大学出版社，1997.

［30］夏新华．法治：实践与超越——借鉴外域法律文化研究［M］．北京：中国政法大学出版社，2004.

［31］熊凤水．流变的乡土性［M］．北京：社会科学文献出版社，2016.

［32］熊先觉．中国司法制度新论［M］．北京：中国法制出版社，1999.

［33］徐爱国．破解法学之谜：西方法律思想和法学流派［M］．北京：学苑出版社，2001.

［34］徐胜萍．人民调解制度研究［M］．北京：北京师范大学出版社，2016.

［35］亚里士多德．政治学［M］．吴寿彭，译．北京：商务印书馆，1965.

［36］张晋藩．中国法律的传统与近代转型［M］．北京：法律出版社，1997.

［37］中共中央政法委员会．社会主义法治理念读本［M］．北京：中国长安出版社，2009.

［38］中国社会科学院历史研究所．名公书判清明集［M］．北京：中华书局，1987.

［39］中央社会治安综合治理委员会办公室．长治久安之策（2009 年修订版）［M］．北京：中国长安出版社，2009.

［40］中央社会治安综合治理委员会办公室．中国社会治安综合治理年鉴（2007）［M］．北京：中国长安出版社，2008.

［41］滋贺秀三，等．明清时期的民事审判与民间契约［M］．王亚新，梁治平，译．北京：法律出版社，1998.

二、论文类：

[1] 戴传利，盛敢．大调解工作体系的不足与完善［J］．理论建设，2011（5）：32-35，45．

[2] 黑龙江省司法厅．人民调解参与构建大调解工作体系的现状、定位与选择［J］．中国司法，2007（10）：67-70．

[3] 洪冬英．当代中国调解制度的变迁研究［D］．上海：华东政法大学，2007．

[4] 胡旭晟，夏新华．中国调解传统研究——一种文化的透视［J］．河南省政法管理干部学院学报，2000（4）：20-35．

[5] 李广辉，孙永军．关于大调解之法理思考［J］．汕头大学学报（人文社会科学版），2002（3）：46-52．

[6] 李杰．调解率说明什么：对“调解率与和谐正相关”命题的分析［J］．法律适用，2008（10）：49-54．

[7] 刘学丰．非语言交际中体态语的多维思索［J］．渤海大学学报（哲学社会科学版），2006（3）：44-46，50．

[8] 卢燕．人民调解文书存在的问题与规范对策——以云南K市为例［J］．淮北职业技术学院学报，2015，14（2）：100-101．

[9] 罗单，徐梦堃．提升人民调解程序的规范性［J］．延边党校学报，2015（3）：64-67．

[10] 四川省高级人民法院研究室．构建有中国特色的社会矛盾纠纷解决体系——“能动司法与大调解”论坛综述［J］．人民司法，2009（23）：7-10．

[11] 田飞龙．中国法治的现象解释与理性展望［J］．安徽大学法律评论，2010（1）：125-141．

[12] 吴延溢．大调解：社会纠纷解决路径的制度创新［J］．南通大学学报（社会科学版），2011（6）：47-53．

[13] 吴英姿．“大调解”的功能及限度——纠纷解决的制度供给与社会自治［J］．中外法学，2008（2）：309-319．

[14] 闫庆霞．人民调解前置制度之反思——以民事程序选择权为讨论的出发点［J］．法学家，2007（3）：118-123．

[15] 章武生. 论我国大调解机制的构建——兼析大调解与 ADR 的关系 [J]. 法商研究，2007 (6)：111-115.

[16] 赵钢. 人民调解协议的效力辨析及其程序保障 [J]. 法学，2011 (12)：74-79.

[17] 周余辉. 论三大调解的有效衔接——以我国“大调解”模式为背景 [D]. 北京：中国政法大学，2011.

[18] 刘树桥. 西方法治的经验、逻辑与我国法治建设的路径——基于推进依法治国的思考 [J]. 法制博览，2017 (2)：1-5.

[19] 刘树桥. 审视大调解 [J]. 安徽警官职业学院学报，2014 (1)：1-6.

[20] 范愉.《中华人民共和国人民调解法》评析 [J]. 法学家，2011 (2)：1-12，176.

[21] 马长山. 法治的平衡取向与渐进主义法治道路 [J]. 法学研究，2008 (4)：3-27.

[22] 苏力. 关于能动司法与大调解 [J]. 中国法学，2010 (1)：5-16.

[23] 胡旭晟. 我们为什么需要法治 [J]. 法学，2001 (12)：6-10.

三、网络、报纸资料类：

[1] 从“六尺巷”的典故说起[EB/OL].(2014-06-30)[2018-07-28]. http://www.rs66.com/zheligushi/100786.html.

[2] 董必武：关于最高人民法院工作的报告[R/OL].(2000-12-23)[2018-08-08]. http://www.npc.gov.cn/wxzl/gongbao/2000-12/23/content_5328422.htm.

[3] 法庭调解语言研究的意义及方法[EB/OL].(2011-11-09)[2018-08-16]. http://lawyer.110.com/72984/article/show/type/2/aid/253618/

[4] 关于完善人民调解、行政调解、司法调解联动工作体系的调查与思考[EB/OL].(2016-09-12)[2018-08-16]. http://ncgpfy.chinacourt.gov.cn/article/detail/2016/09/id/2078458.shtml.

[5] 孔子系列故事四——父子讼[EB/OL].(2017-05-14)[2018-07-21]. https://tieba.baidu.com/p/5115250853? red_tag=1768151337.

[6] 罗干：充分发挥人民调解作用，创造和谐稳定社会环境[EB/OL].(2004-02-26)[2018-08-16]. http://news.sina.com.cn/c/2004-02-26/09551902466s.shtml.

[7] 罗干：在全国人民调解工作会议上的讲话[EB/OL].(2002-09-29)[2018-08-16]. https://www.chinacourt.org/article/detail/2002/09/id/13683.shtml.

[8] 罗干：扎实做好人民调解工作，维护社会和谐稳定[EB/OL].(2007-07-06)[2018-08-16]. http://www.china.com.cn/news/txt/2007-07/06/content_8490747.htm.

[9] 孟建柱：充分发挥人民调解组织作用[EB/OL].(2013-08-30)[2018-08-16]. http://cpc.people.com.cn/cunguan/n/2013/0830/c64094-22745506.html.

[10] 什么是有声语言[EB/OL].(2017-10-05)[2018-08-16]. https://zhidao.baidu.com/question/163020794.html.

[11] 无声语言[EB/OL].(2015-05-06)[2018-08-16]. http://baike.baidu.com/link? url=GD2NsMzvQ1eviwDPvoryGtudGiJTy0x0DYtIcmMYmEr5REJDmSa2Pf7MG0KMYvEda10Be3YSbMP6RBJ-e59-ta.

[12] 有千年池厝渡，无百年郑大进[EB/OL].(2015-05-04)[2018-07-29]. http://www.wutongzi.com/a/295605.html.

[13] 周本纪（8）[EB/OL].(2017-09-12)[2018-07-21]. https://www.sohu.com/a/191362811_355459.

后　记

本书是在笔者主持的广东司法警官职业学院2016年立项并于2018年结项的“教授团队工程”项目建设成果的基础上修订而成的。2016年，广东司法警官职业学院设立了“教授团队工程”项目，笔者有幸申报并获得立项，以“依法治国进程中的人民调解制度研究”为题开展了项目建设。历时三年，在经过艰辛的搜集资料以及在广东多地调研后，形成了现在的研究成果。

对该问题的研究，源于笔者对人民调解教学的热爱和对我国人民调解建设的关注。早在2007年，结合广东省司法厅拟编写《人民调解教程》加强人民调解队伍建设的需要，笔者开始接触人民调解这一领域。从此，笔者开始从事广东司法警官职业学院人民调解课程的教学，也不断关注我国人民调解的建设和发展，对人民调解的认识不断深入。随着我国人民调解的建设和发展，特别是随着我国人民调解的法治建设不断完善，人民调解不断发挥其功效，笔者逐渐形成了对人民调解的相对成熟的理解，认为对其进行系统的梳理实属必要。恰逢广东司法警官职业学院推出“教授团队工程”项目，笔者的心愿得以达成。当然，关于人民调解课题的研究是一个复杂的工程，因此笔者对该问题的研究存在不足也在所难免。在本书的基础上，对人民调解，无论从广度还是深度上都有进一步研究的必要，这也是笔者今后研究的目标。

《依法治国进程中的人民调解制度研究》一书从选题到大纲的拟定，广东司法警官职业学院法律系主任盛永彬教授给予了具体的指导。在笔者写作本书的过程中，盛永彬教授也不断给予指导，及时为笔者指点迷津，帮助笔者克服困难，促使笔者完成了项目的建设任务。“教授团队”成员在“教授团队工程”项目建设过程中，通过调研、交流等活动，对本书提出了一些富有卓见的观点，也为笔者提供了大量的资料，对本书的完成帮助很大。在此，笔者一并表示感谢！特别感谢笔者的工作单位——广东司法警官职业学院通过“教授团队工程”项目为本书的完成创造了条件。

感谢笔者的工作单位和广东新华集团将本书作为资助项目予以资助出版。

刘树桥

2020 年 4 月于广州